"茅舍槿篱溪曲"

"门外春波荡绿"

踏上回归精神故里寻古探幽的旅程,

感受乡土的温暖与润泽,

体味精神家园的馨香。

国家出版基金项目
NATIONAL PUBLICATION FOUNDATION

"十三五"
国家重点图书
出版规划项目

河北吕家

中国历史文化名城·名镇·名村丛书

中国历史文化名村

中国民间文艺家协会 / 组织编写
总主编 / 潘鲁生　邱运华
本卷主编 / 何克宁　马　倍

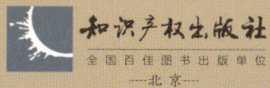

知识产权出版社
全国百佳图书出版单位
---北京---

《中国历史文化名城·名镇·名村丛书》
总编委会

总 顾 问 | 冯骥才
总 主 编 | 潘鲁生　邱运华
执行总主编 | 刘　超
委　　员 | 潘鲁生　邱运华　侯仰军　徐岫鹃　刘德伟
　　　　　 王润贵　汤腊冬

《中国历史文化名城·名镇·名村丛书》
河北省编委会

主　　编 | 郑一民
副 主 编 | 李世琦　杨荣国　刘　贤
编　　委 | 以姓氏笔画为序
　　　　　 冯雪生　朱彦华　刘　贤　刘　萍　宇文敏
　　　　　 苏靖懿　李世琦　李晓阳　杨荣国　吴　桐
　　　　　 张书琴　金永强　周宝忠　郑一民　晏文光
　　　　　 路少河

《中国历史文化名村·河北吕家》编委会

顾　　问	刘丽香　张亚松　霍爱民　毕元明　王新民
	路润学　刘育书　梁建楼　李卯槐
主　　任	欧阳正仲
副 主 任	张海亮　焦玉亮　蒋凯明　梁吉军　王连军
	李　伟　樊志华　吕正亮　陈力强　吕义青
	吕　军
主　　编	何克宁　马　佶
副 主 编	吕义青　马思克　李　娴
编　　委	吕　贵　吕增义　吕增琳　吕考清　吕世荣
	吕增瑞　吕启科　吕玉华　吕志军　吕全元
	吕志强　吕国庆　刘保林　李　畅　李　霞
	刘　江　梁爱捧　常强强　霍　威　冯雨涵
篆　　刻	王新民
摄　　影	何克宁　杜建文　樊连贵　梁春雷　王保龙
审　　稿	刘　贤
英 文 翻 译	赵　昱

积聚海量信息 寻觅科学路径（序一）

邱运华

传统村落保护是当下中国文化遗产保护工作中最重要的社会性课题之一。对于一个具有绵延五千年不间断农业文明的民族来说，传统村落能否得到妥善保护更是一个文明能否传承的关键问题。

传统村落保护是当代社会发展的普遍问题，不独中国社会存在，西方发达国家存在，东方发达国家也存在。从世界范围看，这是一个国家从欠发达到发达、从农业社会过渡到工业社会、从以农村为主体发展到城镇化生活方式过程中普遍存在的问题。有学者把中国农村经济结构改造、社群建设、新文化建设和整体民生改善工作这一进程，追溯到20世纪50年代。但我以为，它毕竟不是我们现在所处的整体转向工业化、城市化进程中遇到的课题。中国社会同一性质的乡村保护课题，起源还是世纪之交的2003年2月18日"中国民间文化遗产抢救工程"。2012年12月12日，住房和城乡建设部、文化部、财政部联合发布《关于加强传统村落保护发展工作的指导意见》，2014年4月25日，除上述三部外又增加了国家文物局，联合发布《关于切实加强中国传统村落保护的指导意见》，两次重申传统村落保护的联合行动。冯骥才先生在2012年的一篇文章里把传统村落保护提高到文明传承的高度，我认为非常正确。中国社会各界对传统乡村保护的问题，有着非常积极的呼应。

中国是发展中国家，但是从东部、南部和东南部区域看，具有发达国家的某些特征。农村人口从西部向东部、从村落向城镇转移，是1990—2010年最重要的社会现象，这一巨大的人口变迁集中表现为城镇人口急速膨胀、传统村落急速空心化，不少历史悠久的自然村落仅仅剩下老人和儿童。因此，传统村落的保护在中国面临的问题，与发达国家相比，具有共同性。例如，从"二战"后恢复到工业化时期，德国和日本先后进行的村落更新或改造项目具有几个明显特征：一是以激发村落内部活力、发展农村经济作为前提，以改造农村基本生活设施作为基础展开；二是村落更新或再造项目以土地管理法令的再研究作为保障；三是建立了学术界论证、公布更新或再造规划、政府支持的财政额度及投入指向、个性化改造方案与村民意愿表达的有效沟通机制，有效保护村落历史文化、自然风景、公共空间与私人空间等要素。综合来看，先行的国家特别注重传统村落的"民间日常生活"保存问题。

所谓"民间日常生活"的具体含义是什么？乃指传统村落村民群体的方言、交往方式、经济生产活动、衣食住行、生老病死、教育、节日活动、传统风俗、民间信仰活动以及区域性的传统手工艺活动等，以及上述种种的精神性、思想性、文化性、艺术性和物质性表现形态。长期以来，中国传统村落之所以成为民族文化的保留者和传承平台，核心在于保存着这个民间日常生活，它的内容和方式，在民间日常生活的基础上，方可承载不同样式、层次的民族文化。

之所以在这里提出将"民间日常生活"作为传统村落的文化基础问题，乃是因为看到目前对待传统村落的两种观点具有一定的欺骗性，并不同程度地主宰和误导了传统村落的基本价值指向。一种是浪漫主义传统村落观，一种是商业主义传统村落观。浪漫主义传统

村落观把传统村落理想化、浪漫化,仿佛传统村落是用来怀旧的,象征着一切美好的自然与人类的和谐,田园风光,日出而作,日落而息,男耕女织,像是《桃花源记》里的武陵源,"不知有汉,无论魏晋"。但是,这不是民间日常生活;民间日常生活还包含在落后生产力条件下的温饱之苦、辛劳之苦,是传统村落里百姓的生活常态;生产关系之阶级阶层压迫、政治强权和无权地位,以及在自然面前束手无策,在兵灾、匪患和种种欺男霸女面前的悲惨状态,甚至中华人民共和国成立以来出现过的政治压迫、思想禁锢和社会运动之灾,是乡村浪漫主义者无法想象的,而这,就是大多数传统村落的民间日常生活。文人雅士,在欣赏田园风光和依依炊烟之时,能否探入茅舍,去看看灶台、铁锅和橱柜,去看看大量农夫、农妇的身影,他们是否仍然饥饿、寒冷?或者他们的孩子是在劳作还是就学?商业主义传统村落观呢,则直接把传统村落改造成伪古典主义的模板,打造成千篇一律的青砖瓦房,虚构出一系列英雄史诗和骑士传奇,或者才子佳人和神异仙境的故事,两者相嫁接,转化为商业价值或者政绩价值,成为行政或市场兜售的噱头,这一行为成为当下传统村落"保护"的常态。这两种传统村落观,一个共同的特点是把村落与民间日常生活相割裂,抹杀了民间日常生活在传统村落里的价值基础,从而,也直接把世世代代生活于这一场景中的村民赶出村落,嫌他们碍事,妨碍了我们的浪漫主义和商业主义梦想;他们不在场,我们可以肆意妄为地文化狂欢。那些在民间日常生活中久存的精神性的、思想性的、文化性的、艺术性的符号,均不在话下。但是,假如村民不在场,社群活力不再,传统村落如何是活态的呢?西方哲学有一个时髦术语,叫作"主体缺失",因为主体缺失，因而话语狂欢。

关注传统村落的村民，无疑是中国传统村落保护的第一要素。但恰好是人这第一要素导致了传统村落的凋敝和乡愁的产生。

1990—2010年这二十年，一些区域传统村落里村民流动性的增强，特别是青壮年村民向东部、东南部和南部沿海地区季节性的流动，极大地影响了这些区域传统村落民间日常生活的展开，减弱了传统村落的社群活力，也相应减少了传统文化活动的开展。这样，构成传统村落民间日常生活的内容慢慢演变成淡黄色、苍白色，成为一种模糊记忆，抑或转化为一年一度的春节狂欢，最后，演变定格成为日常性质的乡愁。民间日常生活不再完整地体现在现在乡村生活之中。那个完整的民间日常生活，在我们不得不离开它的土壤之后，便蜕变为乡愁。乡愁这只蝴蝶的卵，就是民间日常生活。而伴随着乡愁这只蝴蝶而出现的，却是一个个村落日常生活不断凋敝、慢慢消失。乡愁成为我们必须抓住的蝴蝶，否则，我们的家乡便消失在块垒和空气之中，我们千百年创造的文化便无所依凭。然而，据统计，在进入21世纪（2000年）时，我国自然村总数为363万个；到了2010年，仅仅过去十年，自然村总数锐减为271万个。十年内减少约90万个。若是按照这个速度发展下去，三年、五年之后，我们的传统村落便无踪无影了。也就是说，出生和成长在这些村落而现在散居在世界各地的人们，将无以寄托他们的乡愁。若是其中有的村落有几百年、上千年甚至更久远的历史呢？若是其中有的村落有着华夏一个独特姓氏、家族、信仰和其他各种人文景观等等呢？

越来越多的学者开始从事传统乡村保护的研究工作，例如《人

民日报》2016年10月27日发表了《老宅、流转、新生》为题的介绍黄山市探索古民居保护新机制的文章,还配发了题为《古民居保护,避免"书生意气"》的评论;《中国文化报》2016年10月29日发表了题为《同乡村主人一起读懂文化传承》的文章,提出了"新乡村主义"的概念,在它的题目之下,包含有乡村治理、乡村重建和乡村产业化的多功能孵化等内容。为此,文章提出了"政府制定政策方向、标准化编列预算,聘请专家团队和NGO组织,进行顶层设计、人才培育、产业孵化和公共服务"四项基本措施,还配发了《莫让古民居保护负重前行》的文章。《光明日报》2016年11月15日发表了题为《福建土堡:怎样在发展中留住乡愁》的报道,记叙了专家考察朱熹故乡福建三明尤溪土堡的过程;记者报道了残存的土堡现状,记录下专家们的意见:政府与社会资本合作的"PPP模式",面对乡村人口日趋减少的不可逆现实,应该吸引城市中的人回到乡村,将土堡打造为"民宿",在不破坏现有形制的前提下,实现功能更新。也有专家提出,就保护而言,首先应该考虑当地人,人的利益是优先的,只有做到长期发展而不是只顾短期利益,文化遗产保护事业才能够持续发展,等等。

上述建议,已经超越了简单的乡愁情怀,而诉诸国家土地法规、资金筹措模式、专家功能实现等层次。应该说,在越来越深入研究、讨论的基础上,对传统村落保护的思路越来越宽了,为政府制定传统村落保护法提供了良好的基础。在国家立法的基础上,国家、地方政府组织专家开展普查,确认传统村落的级别,分别实施不同层次的激活、保护、开发,才有坚实的基础。

我理解,通过专家学者的普查、认定,得出的结论一定会有利于政府形成健全完备的保护方案和具体操作措施。一方面，对仍然有社群活力的乡村，实施新农村建设规划，改善其经济机制，改建生活设施，改善村民的生活条件，把工作重点聚焦到提高农业产业框架基础、为居民提供更好的生活环境、增强村庄文化意识、保存农村聚落特征上来。另一方面，为有着特殊文化传承却逐渐凋敝，甚至失去社群活力的乡村，探索一套完善保护的工作模式，形成一种工作机制，并得到国家法规政策的支持和保障，包括土地规划、投资体制、严格的环境保护，建立严格的农民参与机制等，为保留故乡记忆、记住我们的乡愁，留下一系列艺术博物馆、乡村技艺馆，产生具有独特价值的"乡愁符号"。

作为"中国民间文化遗产抢救工程"的重要项目之一，《中国历史文化名城·名镇·名村丛书》正是通过众多专家学者和民间文艺工作者辛勤的田野调查工作，在中国民协推动的"中国传统村落立档调查工程"所积聚的海量信息基础上，多学科、多视角地反映当下古城古镇和传统村落现状，发掘传统文化的独有魅力，进而为保护和传承优秀传统文化积累鲜活的素材，汇拢丰富的经验并寻觅科学的路径。相信这套丛书的出版将对古城古镇和传统村落的保护发挥积极作用。

2017 年 3 月

（作者系中国民间文艺家协会分党组书记、驻会副主席）

芬芳"乡愁"彰中华（序二）
郑一民

站在21世纪桥头，审视中华五千年文明，由历代劳动人民创造并守护的数以万计的历史文化名村、名镇、名城，堪称中华民族可以在世界上引以为豪的珍贵国家财富。在经济全球化、现代化高速发展，城市化进程汹涌而来的今天，保护历史文化名村、名镇、名城，不仅是时代赋予当代国人的神圣历史使命与责任，也是中华民族屹立于世界之林、实现伟大复兴的必然选择。

一个古老的村镇或城市，犹如一位饱经沧桑、阅世甚深的老人，既有深厚的文化积淀，又承载着世代子孙魂牵梦萦的"乡愁"。在古村、古镇、古城之前冠以"名"字，其历史文化价值更是非同凡响。她们所承载的物质与非物质文化遗产，既是传递民族血脉和熏陶锤炼民族美德、优秀品格的重要精神食粮，也是构建社会主义核心价值观和具有中国特色美好家园的重要基石。在我国现代化建设快速发展中，科学记录和保护历史文化名村、名镇、名城的人文历史、自然风貌和各种原生态信息，是一件功在当代、利在千秋的伟大事业，对研究、传承、弘扬、创新中国传统文化和实现中华民族伟大复兴,具有深远的历史意义和重要的现实意义。

探究中华文明之河,始于涓涓,终于浩浩。历史文化名村、名镇、名城就是其中的"涓涓",数以万计的"涓涓"才汇就中华文明的浩浩大河。作为"涓涓",每一个名村、名镇、名城虽有体量大小之别,但都是一个自然的社会单元。她们是历代先人适应自然、利用自然、实现"天人合一"的见证,也是创造文明、积淀文明、传承文明的家园。其保存的年轮印痕、光阴故事、人生观、审美观、习俗信仰和生产、生活、居住方式等,犹如一部部五彩缤纷的百科全书,承载着民族的历史记忆和文化基因,闪烁着民族的智慧与品格,慰藉着我们的心田与灵魂,涵养着泱泱中华。从这个意义上讲,历史文化名村、名镇、名城是中华民族物质与非物质文化最大、最重要的载体,保护名村、名镇、名城就是保护中华优秀传统文化。

著名文化学者罗杨在论述古村镇保护时说:"人类文明的进化不能没有积累和继承,历史的车轮可以碾过如梭的岁月,但不应拆毁我们心灵回归故里之路。"遗憾的是,在经济社会快速发展中,对古村镇和古城的保护还没有引起世人的应有关注和重视,致使不少古村镇和城市古街区在既无完整文字记载又缺乏图片记录的情况下,

便在时代洪流中消失了。针对这种现状,中国文联、中国民协在全国实施了"中国传统村落立档调查工程"。在此基础上,我们在中国民协和河北省委宣传部的大力支持下,于2016年10月在全国率先启动了《中国历史文化名城·名镇·名村丛书》河北卷的编纂出版工作。

《中国历史文化名城·名镇·名村丛书》是由中国民协承担并在全国组织实施的中国民间文化遗产抢救工程重点项目之一,也是继中国民间文学三套集成之后在全国开展的又一项具有重要影响的浩大基础文化建设项目。河北列入这项文化工程的历史文化名村有190个、名镇18个、名城12个。根据编纂方案要求,我们将对每个历史文化名村、名镇、名城单独立卷,力求以质朴、简明的文字,图文并茂的形式,从历史学、社会学、民俗学、建筑学、文化学等视角,客观、准确、简洁、鲜活地记述名村、名镇、名城的历史与现状,阐释每个名村、名镇、名城独有的文化内涵与价值,彰显河北历史文化名村、名镇、名城特有的魅力与精彩,惠及当代,传之后世。为了使读者检索、查阅、研究方便,本套丛书在编纂过程中将以"中国历史文化名村河北卷""中国历史文化名镇河北卷""中国历史文化名城河北卷"三个系列问世。

家园需要呵护,硕果需要众人浇筑。完成这

项浩大的文化工程，需要数以百计的作者和知识产权出版社编辑们几年的奋斗，无论是田野调查拍摄还是梳理编撰，皆充满艰辛与探索。但耕耘者向来是不怕困难的，硕果会因此更香甜，社会发展会因这些成果更精彩，共和国文化建设会因大家的奉献更加炫目！

俗话讲，金无足赤。由于编者知识水平有限，又无前人研究成果可借鉴，书中谬误之处难免，敬请各位方家和读者批评指正。

2016 年 10 月 30 日

（作者系河北省民间文艺家协会主席）

中国历史文化名村·河北吕家

中 国 历 史 文 化
名城·名镇·名村丛书

中 国 历 史 文 化 名 村

河北吕家 | 目录

022　引言

第一章
太行深处吕家村

030　王儿古村由来久
034　幢幢院落有千秋
078　古阁古树护生灵
084　古街古巷映沧桑

第二章
国家级森林乡村

092　深沟寨垴好风光
094　吕氏渊源洞宾山

096　天然溶洞有奇观
097　庚子长墙藏兵洞

第三章
红色印记吕家村

100　一二九师指挥所
102　隔山指挥长生口
106　首长深夜请吕录
108　师长让路给村民
110　旧居门前石碾忙
112　传奇红嫂救伤员
113　吕家人不会忘记

第四章
技艺独特物产丰

118　木架加楔榨油坊
123　以农为本收获丰
130　物产资源满山林
138　特色小吃有营养

第五章
民俗民艺传承久

146 节日习俗世代传
149 婚俗仪式不可少
152 丧葬礼俗显孝道
154 民间庙会花样多
155 巧夺天工承佳技
162 黄钟大吕磬留声

第六章
艺术吕家展新姿

170 公共艺术空间
175 主要艺术活动
178 当代艺术家作品
183 主题民宿

185 结语
187 附录
196 后记

Famous Villages, Famous Towns, Famous Cities
of Chinese Historical and Cultural Series

The Chinese Famous Historical and Cultural Village
Lüjia Hebei | Contents

022 Foreword

Chapter 1
Lüjia in the Deep of Taihang Mountain

030 Wang'er Ancient Village Has a Long History

034 Historic Courtyards

078 Spiritual Ancient Pavilions and Trees

084 The Vicissitudes of Ancient Streets and Lanes

Chapter 2
National Forest Village

092 Good Scenery in the Mountains

094 Dongbin Mountain Associated with Lü

096 Natural Karst Cave Has Wonders

097 The Long Wall Called Gengzi and the Hidden Hole

Chapter 3
The Red Mark of Lüjia

100 129th Division Command Post

102 Command the Battle of Changshengkou Across from the Mountain

106 The Head Invites Lü Lu Late at Night

108 The Division Commander Who Make Way for Villiagers

110 The Stone Crusher in Front of the Old House

112 The Legendary Lady Saves the Wounded

113 The Lü Family Will Never Forget

Chapter 4
Unique Skills and Abundant Products

118 The Wooden Frame Oil Mill

123 Take Agriculture As the Foundation and Reap a Lot

130 The Forest Is Full of Natural Resources

138 The Nutritious Special Snacks

Chapter 5
Folk Customs and Folk Arts with a Long History

146 Festival Customs Inherited from Generation to Generation

149 The Indispensable Marriage Customs

152 The Funeral Customs Which Show Filial Piety

154 Many Folk Temple Fairs

155 Excellent Craftsmanship and Skills

162 The Sound of Ancient Bell

Chapter 6
The New Artistic Appearance of Lüjia

170 The Public Art Space

175 Main Artistic Activities

178 Works of Contemporary Artists

183 Home Accommodation with Theme

185 Epilogue

187 Appendix

196 Postscript

引 言

吕家村位于河北省井陉县西南，太行山中部东侧，距井陉县城30公里。村庄坐西朝东，背靠西岭，面向洞宾山。全村地域面积8.6平方公里，山场面积2万余亩，耕地面积650亩。截至2022年7月，全村136户393口人。

洞宾山是吕家人的祖山，吕洞宾文化深深根植于吕家人心中。他们崇尚吕洞宾，将吕洞宾尊为吕祖而世代供奉。这里流传着吕洞宾施医治病、惩恶扬善、扶危济困、广施恩惠的故事，深深地影响了一代又一代吕家人。

吕家村人杰地灵，人才辈出。清乾隆三十八年（1773）的《重修官房碑》载："井邑治南三十里许，有吕家村，环村皆山，接壤平定，洵平定之锁钥焉，而民风淳朴，风俗近古。"修诚明礼、敦厚朴实、乐善好施的民风深入人心，并世代相传。

几百年来，吕家村逐渐发展成为罕见的"一村一族一姓"的小山村。在这个静谧的小山村里，民居错落紧凑、古朴厚重，村民善良淳朴、亲切温和……村子不大，却处处给人以舒适的感觉，让人不知不觉地想与之亲近。这种莫名的亲近感，正是源于一种真实的体验和切身的感悟。"一村一族一姓"是吕家村最亮的标签，独特的姓氏文化承载着吕家村厚重的人文历史。

吕家村具有令人骄傲的红色革命文化。早在20世纪30年代，中共组织就在这一带活动，特别是抗日战争和解放战争时期，全村报名参军的青壮年就有33人，其中14人英勇牺牲。为永远怀念他们，后人建立了烈士纪念碑（亭）。吕家村曾是八路军一二九师指挥所的驻地。1938年2月，一二九师师长刘伯承、政委邓小平在吕家村指挥了著名的长生口伏击战，战斗取得了重大胜利。原指挥所驻地及刘伯承、邓小平的住所均保存完好，现已成为人们瞻仰、参观的红色纪念地。

诚实守信，是吕家人的村风家教。吕家人正是以村里人的朴实

↓ 吕家春光

厚道赢得了与外界的合作机会，换回了安居与财富。在古老的吕家村，可观、可餐、可坐、可读、可卧、可眠，古村落的肌体有着不断焕发新生的源泉和动力。

兼容并蓄，是吕家人的博大胸怀。吕家村的街道、房屋、院落全都是用石头垒砌而成，现有四十多处修缮完好的古建筑，其中最具代表性的有九处。现留存有古老的庚子长墙、防御洞。这里还流传着不少反映当地人民战天斗地的故事和脍炙人口的民间传说。保存完好的古民居、古建筑与现代建筑浑然一体，同放光彩。新建在村口的牌楼、水景观、游客中心、村民活动中心、观山餐厅、咖啡厅等，与古建筑协调、统一，已成为亮点。吕家人懂得尊重传统文化，尊重民俗村风，尊重先民父老。在此基础上，他们充分发挥艺术特长，创设"艺术之家"，创建"艺术部落"。"观山餐厅""赏月山居""归巢小舍""石巷小吃"是新的也是古的，因为其中沉淀了历史的风貌，融入了时代的特色。

吕家村原本山多地少，土地瘠薄，少雨缺水，自然条件恶劣。中华人民共和国成立后，吕家村的面貌发生了巨大变化。改革开放后，特别是党的十八大以来，吕家村紧跟时代步伐，利用自身资源和优势，挖掘历史文化，保护古建筑，大力开展美丽乡村建设，使一个贫穷古老的乡村焕发了新的生机，呈现出崭新的面貌，被人们誉为"五彩吕家"。"五彩"，取自然之色，展本真之美：红，即层林尽染的万亩红叶和抗战卫国的家国情怀；黄，即满坡金黄的野生连翘和谷底坡跟的庄稼果实；蓝，即宁静高远的湛蓝晴空和不加尘埃的一缕清风；绿，即层峦叠嶂的深沟寨垴和生态自然的绿色食品；青，即载满乡愁的青石街巷和写满故事的古宅小院。"叶红、花黄、天蓝、林绿、石青",一切从本色出发,同时融合吕氏的发展溯源,以凤为图腾,翔于九天,结合石头村"石"文化,并与"吕"字双"口"相统一。聚意成形,形意结合,形成五彩飞凤之形象,象征吕家蒸蒸日上的发展态势和勤勤恳恳、坚韧不拔的道德品质。

吕家村坐落在太行山脉绵延起伏的群山之中。四周的山脉宛如一条蜿蜒盘旋的巨龙,环绕着整个山村,形成一座天然屏障。吕家村整个地域像一只美丽的孔雀展翅开屏,洞宾山是高高扬起的头冠,村庄背后沿沟向南十数里呈扇形展开的群山则犹如孔雀开屏。春夏时节,群峦起伏的山脉被一望无际的绿色覆盖,繁星一样的花朵装点其中,美不胜收;秋天,万亩红叶漫山遍野,恰似换上了姹紫嫣红的盛装;冬天,雪后的山村银装素裹,十分壮美。这里还有大角峰、观日峰、寨垴峰、仙人洞、蝙蝠洞、鸽子岩等景点供游人参观、游览。

2012年,吕家村被住房和城乡建设部、文化部、财政部列入第一批中国传统村落名录;2016年,吕家村被河北省农业农村厅评为"河北省美丽乡村";2019年,吕家村被住房和城乡建设部、国家文物局列入第七批中国历史文化名村名单;2019年,吕家村被国家林业和草原局列入第一批国家森林乡村名单。

浓浓的情调,满满的乡愁。可以心无旁骛,亦可信马由缰。蓝天是你的,空气是你的,大山是你的,草木是你的,石头是你的。在这里,可以放松心情,可以放慢脚步,也可以放飞思想。信意随心,信可乐也。

↑ 吕家春景之古槐迎春

↑ 吕家夏韵

↑ 吕家秋色

↑ 吕家冬梦

地处深山的吕家村曲径通幽，屋舍俨然，天然形胜。洞宾山是高高扬起的头冠，村庄背后沿沟向南十数里呈扇形展开的群山则犹如孔雀开屏。吕家，就是这大山里的一只"雀之灵"。

走进吕家，青山环绕，绿树掩映，环境优雅，村落隐蔽；走进吕家，峰峦叠翠，云蒸霞蔚；走进吕家，轻松惬意，舒缓坦荡。

↓ 吕家全貌

中国历史文化名村
河北吕家

第一章
太行深处吕家村

王儿古村由来久

吕家村位于井陉县城西南南障城镇域内,居四十里甘桃沟中部,晋冀交界的太行山深处。吕家村四面环山。村东是洞宾山,西南连绵的大山与山西平定交界。村北老爷庙后面是平顶关,那里有炮台遗址,老爷庙前有元大公路绕过村口。村南是高耸的骆驼岩和十八盘。骆驼岩南侧是南王儿古村,后因此地山多缺水,乡人改名为汪里村;北侧则是北王儿古村,即现在的吕家村。可见,过去是山南山北两个王儿村。传说汉代有一帝王路经此地宿夜,故名。过去每逢年节,南王儿、北王儿两个村互相唱戏、闹红火、走村。

↑ 记载王儿古村来历的古墓碑

地名由来

据吕氏谱书记载,元至正年间,始迁祖从本县南障城村、洪河漕祖坟搬来居住,村边背坡坟六世祖吕萌公配刘氏祭祀台上墓志铭刻有"大明国嘉靖元年故,拾柒年二月廿二日立,时大明国真定府井陉县秀林社八甲王儿村",村口五道爷庙古钟铸有铭文"大明正德元年井陉县王儿村制",古钟毁于1958年大炼钢铁时期。明正德十四年(1519)、万历三十六年(1608)大梁江村龙王庙碑记刻有吕家庄及捐建人吕朝、吕友、吕冀等四十余人。吕氏尚、云、现、春友墓志铭均刻有"直隶真定府井陉县秀林社王儿村,时大明天启五年二月十九日立和崇祯十年三月一日立"。清顺治十五年(1658)吕庚寅及蒋婕人墓志铭刻有"大清国真定府井陉县秀林社吕家庄居住"。康熙三十五年(1696)创修关圣神祠碑记载有"真定府井陉县之南三十里,名曰吕家村,北山之下河阳之坯,往往人观乃兴隆胜地,可建关圣神祠"。清乾隆六年(1741)、三十八年(1773)及五十二年(1787),嘉庆六年(1801)、十四年(1809),同治十一年(1872),光绪三年(1877)、二十五年(1899),民国二十四年(1935),历代重修戏台、全神庙、廊房、官房、玉皇庙碑记

↑ 吕家古村落核心区

↓ 晴空下的吕家村

↑ 篆刻：吕家

中均载有井陉县城南三十里吕家村。

由此可见，吕家村在明代万历三十六年（1608）之前一直叫王儿村，其后开始以姓氏更名曰吕家庄，又于清康熙年间再易名为吕家村，且沿用至今。

四十里甘桃沟中，吕家村之外四个村的吕氏都是从吕家村搬出去的，还有搬到平定的，以民国九年（1920）搬出去最多。

吕家村为单一姓氏村落，吕氏聚族而居，是井陉县域内吕氏族姓最为集中、最为纯粹的古村落。吕家村建村至今已有六百多年历史，人文和自然资源独特而丰厚。

村庄选址

吕家村属太行山深山区，四周山岭环抱，有深沟寨垴、洞宾山、凤栖岭和百亩果园、万亩山场，古树参天，枝繁叶茂。此地的山虽没有峨眉山的娇姿、华山的险峻，也比不上泰山的挺拔、桂林山峰的奇异，但它有自己独特的风韵——朴实无华。其中，深沟寨垴海拔920米，山势高耸入云，两翼环抱吕家村落，犹如一座巨大屏风，成为吕家村的天然挡风屏障。

东面的洞宾山以拔地通天之势屹立在村前，如同火焰般冲天而起，高大挺拔，屏立千丈。

登上村西的西岭，极顶举目四望，气象壮观。俯瞰足下，云气弥漫缭绕，大自然之灵动，无所不在；满山翠柏灌木林成荫，又有野花映衬，掩映着雕檐玲珑的古村，似碧玉镶嵌在林荫秀谷之中，在缥缈的云烟衬托下成为一道美丽的风景。

吕家村的选址很好地彰显了吕家先祖的智慧。村落坐西朝东，静卧半坡，可避山洪，可避寒风，还可获得充分的阳光照射。尤其是夏季东南风顺山涧而来时，可带来降雨，更利于植物生长，促进农业生产发展。春天，这里空气清新，山花烂漫；夏季，这里满坡翠绿，层峦叠嶂；秋日，这里黄栌漫山，层林尽染；冬时，这里银装素裹，寂静安详。吕家村，的确不失为人间佳处。

↑ 元大公路绕过村口

吕家村的传统格局是几百年保留下来的，村子以古建筑群为中心，房屋按时代顺序向四周扩展，古村的布局依山势高低变化而建，

↑ 不到村口不见村，登上北坡眺望村庄

整体形态随地形高低错落，空间环境变化丰富。村庄建筑布局自由，较少人工痕迹，各户主要联系通道为南北向街巷，石街石巷蜿蜒迂回，纵横交错，从聚落到街巷空间再到建筑单体都保留了原有的尺度。村民生活在古老的石头建筑中，延续着几百年来的生活场景和历史风貌。村落布局与村民生产、生活的需求相结合，依山就势、引水修塘、筑宅建院、随坡开田，从中可以看到山区劳动人民充分发挥自然地理潜力和生态环境条件的智慧。

幢幢院落有千秋

吕家村位于太行山深处,村四周为山岭包围,村庄较为隐蔽,因其位置偏僻,环境静幽,受历史战乱影响小,近年来也没有发展工业和搞过多的村庄建设,所以古村落风貌保护较为完整,现存古院落和原有的空间轮廓就是很好的见证。吕家村的街道、房屋、院落几乎都是用石头垒砌而成的,错落有致,布局合理,俨然一座"石头村"。清新怡人的空气,幽静旷远的深山,散发着历史的清幽……

吕家村朝夕与石为伴,摸透了石头的"脾性",与石头产生了深厚的"感情",对于石头作品的创作有着独到的见解。日积月累,代代相传,造就了特色独具的石头民俗文物群。平实古拙的石窑合院式民居,坚实古朴的石器,以及石子路、石桥、石头墙、石雕等无不展示着石头建筑的风采。

↓ 从村中央的房顶北眺,青山绿树,大槐树正是花季

吕家村的建筑分布紧密而和谐，变化有序，采用密集型的山地立体布置方式，以获得最大的立体空间效益，门前多设台，台体设置大、小涵洞来放置杂物，尽最大可能地利用建筑空间。

院落内部和周边花木之类的较少，多为瓜果，少量的花卉等也并没有种植在花池或花钵中，而是利用废弃的瓦罐、盆碗，颇具农家淳朴情趣。摆放在院落中的农具、堆砌杂物的墙角、短墙分割等都显示了农居生活悠闲随意的特点。

吕家村院落的布局结构受清代北方民居的风格影响较多，院落多为一进的三合院，讲究方正，村子以古建筑群为中心，房屋按时代顺序向四周扩展。其入口多以独立门楼的形式设置，布局向内开敞、向外封闭。受自然环境的影响，吕家村的院落规模较小，其平面也不过分追求对称规则的布局，形状不规则，自由灵活，建筑就地取材，布局受地形制约、随地形变化，其围合庭院空间小巧别致，组织紧凑，尺度宜人，亲切感强，有别于平原地区的四合院的

↓ 吕家村民居

伸展，在空间处理上和巧妙利用空间上独具魅力。除地基、街道有统一规划外，其余依据地形，一律自由安排。建造的房屋，以个性为主，共性为次。房屋因财力不同而显得高低不等，进深、宽窄不一。墙面有的原石未动，有的錾迹寥寥，粗犷奔放，一派原始古朴的农家建筑风貌。

吕家村民居群体组合完整，成组成片，宅院关系明确，民居形式灵活。民居院落因所处位置不同，地势不同，宅院的长短宽窄不一，形成不同院落空间。古村落历史风貌完整，充分利用当地石材，营建出丰富的生产生活空间，体现了太行山区民居的特色。建筑类型丰富，形式多样。既有平实古拙的石头农居，也有宏伟高大的石头楼阁；既有简单的平顶石房石屋，也有构造新颖、布局独特的石头四合院落。宅院建筑处理精致，装饰细节独具特色。宅院内的门、窗、檐等都是重点处理的部分，虽然其中部分已显破落，但

↓ 吕家村一角

各建筑构件形式仍保存着原初的风味。

村内现有古建民居大多为明清时期所建，以吕信的孙子吕联第的五套老宅院为主。吕联第分别留给自己的五个儿子各一套宅院，并给每一套宅院起了门堂号，分别是育德堂、世德堂、崇德堂、盛德堂、永德堂。以"德"做人，以"德"养家，以"德"立世，可见其用心良苦。其中，永德堂院因位置相对靠南，俗称"南院"，占地1.5亩，是吕信支脉最早的祖宅，修建于明末清初，吕信发家前及当时几代人曾居于此，后留给了吕联第最小的儿子老五吕占陛继承。世德堂院因当时院中有柏树，俗称"柏树院"，位于官坊背后，与育德堂相对，地势较高，坐北朝南，是当时最北边的一处院落，始建于清道光年间，占地面积0.7亩，原设计为双层，北上房为石窑楼房，南房为窑上倒座，可惜倒座当时未能完成，后由吕联第的二儿子吕占元继承。

育德堂院　蒸蒸日上福满堂

育德堂院又称三滴水院，始建于清乾隆年间。这是一个靠农耕致富的书香世家，是吕家村最先富起来的第一大户。这个在乾隆

↑ 石头坡，石头街

↑ 户挨户，房连房

初年开始渐渐富裕起来的人家,由于人口逐渐增多,住房就成了急需解决的问题。乾隆三十五年(1770),吕信购买了别人一处旧宅院(现仍保存有原购买房契),其子吕得名与孙子吕联第,父子二人在这块旧宅上进行了拆旧重建,形成这个院子。这个院子后由吕联第大儿子吕占围继承。

该院的设计、建筑很有特点。院落占地面积一亩,建筑面积五百多平方米,分上、下两院,坐西朝东。下院有碾坊、磨坊、马棚、草房、佣人房。上院为砖木石瓦房建筑。大门建在院子的东北角,基座在地窖上,垂花门楼,栩栩如生的四只蝙蝠和活灵活现的两只小鹿以及"寿""喜"两个字镂空木雕装饰,寓意福禄寿喜。门楣正中挂有清光绪年间县衙赠送的"矢志育孤"金字牌匾一块。大门的

↓ 高大的庭院

地面和过门石为一个平面,这种设计建筑风格叫"一步登天"。

为防贼防盗,大门安装八道门锁。在两扇黑褐色门扇外侧装有两对铁吊门环,同时能上两道锁;内侧有一个木插关、两个铁挂钩、上下两道木横杠,还有一个斜顶杠,多重保险。这在方圆几十里是独一无二的。

迈进大门,迎面是一面灰砖砌成的影壁,此影壁原建在上院的最东边,面朝东,由于基座下地形变动,后将影壁改建于此。影壁墙心全用六角雕花砖拼对而成,每块六角花砖上都现一个"土"字,说明土是农家的根本,农耕时代的人们离不开土,这也表示对土地的敬畏。影壁墙心的四个角,分别镶嵌有牡丹、荷花、菊花、蜡梅花砖,分别代表春、夏、秋、冬,四季花开不谢。影壁的正上

↓ 对称规整的三滴水院(2015年修葺前)

三滴水院楼上观景

方镶有镇宅狮兽砖雕一套，与影壁连为一体，与大门相对呼应，活灵活现，精致漂亮。

院子东西长，南北宽，从东至西分为三个层次，一层比一层高，因此得名"三滴水院"。一进大门为第一层，南北厢房均为一层瓦房建筑。第二层南北厢房均为两层楼房建筑，北高南低。进北厢房，需上四个台阶，这叫"四平八稳"。南厢房门两边各有一个"门当"，门楣上装饰有两个圆柱形木"户对"，由此可见主人的地位和院落的讲究。第三层正西为堂屋，为两层建筑，底层为石拱券窑洞，门和窗均为将军石框，官帽拱券。上层为木石砖瓦结构，正房为一明两暗三间，左右各建有一间暗窑，加上两边各两间耳房，共九间大戚位。戚位是一种独特的建筑形式和风格，特点是"似楼不称楼"，多见于冀晋交界一带。此建筑均为两层，特指上层。上层没有与下层一体的前墙，只设露明柱，多为四根或六根。前部是四至六尺宽不等的露台，露台后部是房屋，房屋前墙下为砖砌基座，基座上为木制花棂隔断。此种房屋通风透气好，露台上可远眺，居住十分舒适。此房可自家居住，亦可招待亲戚、朋友，故当地人将此称为"戚位"。戚位设有卧室、客厅、厨房，一应俱全，家中过大事和招待客人都在此进行。该院房屋屋顶飞檐走兽，做工精细，错落有致，仅房脊兽头就有九对，青面兽、张嘴兽、闭嘴兽等神态各异，虽经两百多年风雨，仍保存完好。

一个深居山村的以农耕为主的家族，如何盖起来这样一座如此规格的庭院，究其原因，一曰勤劳，二曰智慧。吕家人以务农为生，靠经商致富。清乾隆年间，这家养着五匹骡马，靠赶脚挣钱。又在井陉县城（今天长镇）边的河东村租有一套民宅作为仓库，将打下的粮食运到此处存起来，销给县城和周边村庄的百姓。他们还在县城和小梁江开有当铺，想方设法琢磨着挣钱，很有经商的头脑。

吕氏一族人丁兴旺，人才辈出。吕信为清乾隆年间恩赐修职郎，其长子吕得名为清乾隆年间恩赐登仕郎。吕得名的二儿子吕联第为清嘉庆年间太学生。吕联第的大儿子吕占围是清道光年间秀才，二儿子吕占元为清咸丰年间议叙千总。吕氏一族世代以耕读传家，兼做生意。到道光年间，吕家家业壮大，已坐拥土地二百余亩，大院五座。因此，当时正定府特赐给吕家一块"耕读传家"的牌匾，以为表彰。

关于这家的富有，还有一个有趣的传说。据说，有一天吕联第赶着牲口到县城赶集，返回途中，在桥沟岭上遇到一个老太婆，提着一个很重的篮子艰难地行走。吕联第上前帮忙，并告诉她自己是吕家村人，问老太婆篮子里装的是什么，到哪里去。老太婆告诉吕联第篮子里装的是榆钱，帮她捎到吕家村放到路边的老爷庙就行。吕联第就按照老太婆说的将篮子捎到吕家村，放到了老爷庙里。吕联第赶着牲口回到家，卸掉牲口

↑ 二楼廊柱

↑ 三滴水院大门

古朴的厅房

楼上观景

二楼廊台

层层向上，欣欣向荣

讲究的影壁，四个角分别是春夏秋冬四季花

耕读传家匾额

影壁的花纹饰和角花

驮的东西后，想起老太婆的篮子是否被取走，他就跑到老爷庙去看，篮子还在那里放着没有动。他怕丢了，就把篮子提回了家，放在柜顶上，等老太婆来拿。结果，等到天黑了也没有人来。又等了两天，还是没有人来。他想，篮子里到底装的是什么，老太婆再不来取，时间长了里面的东西放坏了可不好。他取下篮子，拨开上面盖的榆钱后大吃一惊，原来是满满一篮子金片！有人说是他家人勤劳善良感动了上苍，也有人说他家有神相助，故而更加富裕。

这家人从古至今，世代都是读书人，而且很多学有所成。他们继承先祖家训，注重家庭教育，重视家风传承，坚持耕读传家，推崇忠孝为先的美德，因而出现过很多让世人折服的事情。吕氏家族以信、仁闻名，倡导仁义，恪守孝悌。吕氏家族自吕信始曾有109年没有分家。清光绪二十年（1894），吕信后世孙吕嘉宾年仅31岁时英年早逝，留下了30岁的妻子梁氏和三个子女：女儿9岁，长子（吕夹钟）7岁，次子（吕应钟）4岁。梁氏一人擎起家中天，含辛茹苦地将三个子女抚养成人并成家立业。三个子女感念母亲的养育之恩，个个都孝顺无比。尤其是小儿子吕应钟更为突出：一日三餐必是先母亲，后自己；母亲患病，他衣不解带，伺候床前；夏天给母亲驱蚊纳凉，冬天为母亲温床暖被。民国二十年（1931）修《井陉县志料》载："*吕应钟，吕家村人。少孤，事母至孝。母有所命，丝毫不敢违，该乡人称之为吕孝子。*"为表彰该户母慈子孝的感人事迹，县衙专向其赠送"矢志育孤"金字牌匾，以示后人。有人对这家人和这个院落作了这样的总结：

九间戚位三阶院，雕花门楼誉双匾。

耕读传家书香第，矢志育孤孝为先。

崇德堂院　日月同辉家业兴

崇德堂院由吕联第三儿子吕占清继承，因戚位二层瓦檐两侧马头有砖刻"日""月"字样，故俗称日月楼院。

日月楼院始建于清乾隆初年，当时只有正房（西屋）和南厢房，由吕信所建，分给其曾孙吕占清所有，后有同族后人吕嘉谟将此院买下，并进行了扩建，新建了东楼、北楼和大门，传承至今已十代，近三百年。

↓ 日月楼院整体景观

日月楼院大门朝北开。七级台阶拾级而上，显示其威严，以求步步登高。大门砖柱下垫石制迎风勾头，上有砖雕马头，垂花门楼为悬山式结构，有五脊六兽瓦房顶，样式典雅，工艺考究。九尺过厅，迎门砖石影壁，壁面是莲花砖雕，象征家庭和睦，和气生财。

日月楼院是较为规则的二层四合院，坐西朝东。正房（西屋）和南厢房建筑年代较早，房屋建筑用料和工艺相对比较粗糙。正房为二层建筑，底层为石拱券窑洞，门窗为将军石框，官帽拱券，一门两窗三间；上层为木石砖瓦结构，五间戚位设有堂屋（客厅）、卧室，四尺前沿，四根明柱，二尺砖花墙。戚位与前沿用木制屏风隔断，屏风门扇窗棂均起木线，做工考究，图案各异。

↓ 日月楼院西楼外的风景

屋顶为两坡瓦房（硬山式），起脊扣瓦，做工精细。挑檐两侧马头砖雕工艺精致，刻有"日""月"二字，寓意深刻。吕氏自吕信治家，家风严谨，耕读为本，日益兴旺，寄希望于后代将家风家训永世传承，并发扬光大，与日月同辉。南厢房底层亦为石拱券窑洞，门窗均为将军石框，官帽拱券；上层为五间戚位，前沿明柱，但面向南，为崇德堂（文校堂院）正房，俗称倒座戚位。北楼和东楼均为三间，东楼为窑上楼，砖木结构，墙体砌砖为斗砖工艺，这种建筑工艺有其独到之处。一是省料。那个时代建筑用砖属奢侈品，特别是在交通不便的大山里，需要用骡马从井陉旧城驮运而来，实属不易。二是

↑ 日月楼院大门

美观，有错落之感。三是隔热保温，防潮截水，外表用砖和里层砌料形成自然隔断层。这两栋建筑年代较晚，为晚清年间建筑，一、二层之间均为木制隔层，北楼和东楼下层均为居住房间，上层为储物储粮所用，特别是二层有前后通透窗户，便于通风除湿，保持干燥。外南窑为窑上窑。戚位南便门可直达崇德堂院。院内西北便门直达育德堂院。整个院落布局合理，功能完备，足可见前人在建筑、生活、人文等各方面的知识和智慧。

此院还有这样一个故事。民国十五年（1926），晋奉战争前，晋军在此地修筑防御工事，带队的是康营长。他看该院建筑高大气派，高台门楼，全院各门均装有门当、户对，风水极佳，便带

日月楼院南窑顶上咸位倒座山墙

日月楼院北楼窗户

日月楼院南窑及台阶

日月楼院影壁竹节砖雕

日月楼院北楼细节

日月楼院大门台阶及影壁

日月楼院里晾晒家案

家眷住在此院达半年之久。多年后，其子曾专程重访此院。

文校堂院　书声琅琅漫山村

文校堂院为崇德堂院的一部分，曾做过吕家村最早的私塾，故亦称文校。吕联第的三儿子吕占清继承此院。乾隆初年，吕信、吕仁同一时间里建起这个院子（含秀才院，原为一个院子）和北面日月楼院的西半部，是这个家族中较早建起的院子。

这个大院的建筑很有讲究，做工精细。院子的大门朝东开，将军石柱，装有门当、户对，砖檐、猫头瓦滴水，三步台阶，九尺过厅，里面灰砖拱券。正房为五间戚位，坐在下院的石券地窑上，坐北朝南，要登上十一级石阶才能到达戚位前沿。石阶两边各装有独根戗石，四尺宽前沿，四根露明柱，这样的戚位在吕家村是第一个，也是唯一的一个。当你面朝南方站在高高的戚位上时，一股庄严、肃穆的心情油然而生。

正房设有两个隔断，中间为客厅，两边为卧室。客厅后墙留有后门，连通日月楼院和三滴水院。正房的门上装有一对八

↑ 文校堂院北屋台阶

↑ 文校堂院大门

楼户对，表明当时此房住的是有官职之人。西厢房是上下各两间的二层楼瓦房建筑。东厢房为三间带大门过厅的平房，其中两间为存放农具与杂物之用。南面是秀才院的后墙。

这个大院，从它的结构到做工，尤其是院内所用石料和正房门窗隔断的花棂做工，其精细程度完全体现出一座耕读并举、官民同居的清代北方民居特色。

↑ 文校堂院正房山墙

↓ 文校堂院正房

盛德堂院　乐善好施人丁旺

盛德堂院又叫书香院，是清乾隆年间登仕郎吕得名与其子吕联第所建，后分家时由吕联第四子吕占瀛分得。这个大院曾经人丁兴旺，人才辈出。凡在这个院子出生的人没有一个不读书的，所以人们将此院称为"书香院"。

此院坐南朝北，迎门设砖石影壁。影壁基座为三块两米长的整块石条砌成。影壁正中设有土地爷石雕神龛，神龛上雕刻有一副楹联：职居五行末，位列三才中。横批：田极之神。正房与西厢房为石拱横窑，院内大门均为将军石框，官帽拱券，并全部装有门当、户对。正房原本为二层戚位建筑，在同治年间一个六月的大热天，因家中生子得喜，在戚位上大办满月喜庆宴席，厨房不慎失火，将整个戚位化为灰烬，以后由于各种原因未能恢复重修。东厢房为窑

↓ 书香院南屋

上楼的三层建筑。北房原为两层楼房建筑，因年久失修，二层倒塌，已拆除。

这个院最有特点的是，西窑房顶后墙与盛德堂上院东门外围墙搭有一道木板天桥，平时两院往来，都不用走大门，走"天桥"即可，非常便捷。

清朝末年，吕联第的曾孙吕嘉谟当家后，管理得法，治家有方，家业迅速增强、扩大，达到鼎盛。吕嘉谟一人就买入土地一百多亩，最远的买到了三十里外的孤台村，加上家中原有土地，达二百来亩，成为吕家村拥有土地和人均土地最多的家族。他家粮食满仓，牛羊成群，生意兴旺。因此，不时招来土匪、盗贼的侵扰，家里只好派人值班，看家护院。

这个大院曾有过一件轰动百里、名扬全县的事情。民国二十三年（1934），吕嘉谟给其二儿子吕秀钟和二侄儿吕时钟同一天娶媳妇，娶亲、送亲的队伍排了半里多长，迎亲的骡马在村里无处拴放。十里八乡的人前来贺礼或观看，真是宾客众多，人山人海，规模空前，整个村子挤得水泄不通。两个

↑ 书香院东楼屋顶

↑ 书香院东楼外窗

↑ 清晨的书香院

↑ 书香院影壁（修缮前）

↑ 书香院影壁（2016年修缮后）

媳妇娘家都是大户人家,一个是于家村的,一个是北障城村的。当时,前来贺礼的城里人说:"看来不仅城里有虎和狼,山里也有虎和狼啊!真没想到大山里还有这样的大户。"

吕嘉谟是井陉县有名的开明绅士。这个人虽脾气较急,但心地善良,同情穷人,乐善好施。民国九年(1920),天下大旱,到处都是逃荒要饭的,他便支起大锅熬粥舍饭。每当穷人年关熬不过去,向他讨要时,他都慷慨解囊,给米给面。他经营的家族越来越大,实力越来越强,名声也越来越大,当时被人们称为"城南第一户"。

福寿院　一二九师指挥所

福寿院是盛德堂上院,建于清朝末年,院子的主人是当时号称"城南第一户"的井陉县知名开明绅士吕嘉谟。该院大门门楼为悬山式,砖石瓦木结构,五脊六兽两面坡。因门庭镌有"福寿"二字,故称为福寿院。

跨上层层石阶,进入宅门,从影壁东、西向进入院内。石墙、石房、石院,连上房月台和农家供奉天地的神龛都是清一色石头精雕而成。东西配房均为四间,双门双窗。正房为一明两暗拱券式窑洞,在月台东、西向风道处各安置一门。出东门北侧,紧靠上房山墙建有厕所,厕所为两层建筑,下层为

↑ 福寿院东西院过门

福寿院大门外的雕  | 福寿院西跨院楼梯

抗战必胜
香山慈幼院

福寿院外观

福寿院内景

福寿院大门及石头街道

福寿院房上房楼梯门

↑ 福寿院大门

↓ 俯瞰福寿院

石券地窖，地窖底部为储粪池。出西门，可进入西院。攀石阶上房顶。房顶的西北部建有一处碉楼，朝东、朝南的墙上都留有窗户，站在碉楼中，可以看到村口和大半个村子。这个院位于村南边缘地带，因家境和位置特殊，故远近闻名。

鉴于这个院子的独特位置和有利条件，1938年2月，一二九师师长刘伯承、政委邓小平在吕家村指挥了著名的长生口伏击战，指挥所就设在这个院子。为便于决策指挥，在指挥机关和首长的安排上，以指挥所为中心，向北30米为师长刘伯承的住所，向南30

米为政委邓小平的住所，形成了"一线三院"的格局。这里还有个特别之处是，刘伯承师长从指挥所到住处的往返有两条途径：一是走大门出去，通过大街往返；二是都不走大门，登上房顶，通过一块四米长的连接两房顶的木板，就能往返两个房顶，到达指挥所或回住处。另外，出东门通过围墙与盛德堂院西窑顶后墙搭的过街天桥，还能直达盛德堂院。这样的安排设置，非常科学、巧妙、安全、便捷，给指挥工作提供了很好的条件。此后，全村人对这个院子产生了深厚的感情，精心保护，以作纪念。

↑ 福寿院东房外观

武校堂院　苍岩庙会蓝为头

武校堂院建于明末清初，为吕氏家族的先祖吕喜荣分支家族的祖业产，也是这家较早建的房屋之一。该院建在四个地窑之上，大门朝西开，南、北两排房子均是样式相同的一层砖木石瓦结构。因年久失修，北房已倒塌，只留下西半部。南房也曾失火，后进行了修缮。清道光、咸丰年间，在此院曾开设

↑ 武校堂院

↑ 武校堂院外

武校堂，主要是为本族子弟提供习武训练的场所，习武用的练功石现在仍能看到，故人们称此院为武校堂院。本族是武术世家，历史上曾出过很多武秀才，不乏武林高手。吕家村曾有"蓝旗会"，吕喜荣的七世嫡孙吕嘉会为蓝旗会总领。一年一度的苍岩山庙会，蓝旗会被选定为头杠。他们的花脸社火远近闻名，三张高桌摞起来足有两米多高，吕嘉会站在桌子旁，不用助跑，就地一弹，腾空而起，便站在了桌子上，这个功夫叫"旱地拔葱"，看得人目瞪口呆。过去，每逢过年，村与村之间都要通过互相送戏、送社火等红火热闹活动庆祝佳节，联络感情，增进友谊。有一年，吕家村的蓝旗会到山西省平定县的槐树铺村送社火，在表演中，吕嘉会的儿子吕文钟擅长空翻跟头，他从村东一直翻到村西，足有一里多地，街道两旁观看的人们无不为之高呼叫好。吕嘉会父子都是从武校堂出来的子弟。现在仍有传人吕启科练习太极拳，不乏前来拜师求教之人。

↑ 秀才院大门

↑ 秀才院石榴树

秀才院　勤劳换来银蛋蛋

秀才院与崇德堂院是一并建起来的，后由吕信之弟吕仁分得。此院的建筑风格与崇德堂院一样。这个大院值得介绍的有两点。一是这个院子建起后，因主人很喜欢石榴，所以就栽了一棵石榴树，历经两百多年，一直枝繁叶茂，果实累累，树冠遮盖了院子的四分之三。尤其在夏天，这里是乘凉避暑的好地方。后来，这棵树终于寿尽枯亡，但同时又萌发出四棵小树，茁壮成长，现已长大成材，开始挂果。二是这个院子出的人才与其他院子出的人才明显不同。其他院子出的多是文秀才，而这个院子出的多是武秀才。除吕仁为皇清恩荣九品外，从其子吕得禄起，三代就有四个武生，这在当时是很有名的。现在尚存他们习武用的练功石，每个重达百余斤。

↑ 秀才院内景

吕信、吕仁在吕家村先发达起来也有个传说，说的是兄弟二人那时耕种着小灰口的几亩土地，这个地里长满了菅草，不把菅草彻底除掉，就种不出庄稼来。那时，除菅草只能用镢头、铁锹刨挖。菅草的根扎得很深，只要留有一条根挖不净，当年便又会长出来，而且越长越多，所以他们发动全家劳力去深翻除草。干了好多天，大家都筋疲力尽了也没有干完。正在大家发愁不想干时，有一个人挖着挖着忽然挖出一个银蛋（元宝）来，而且，越挖越多，整整拾了两载筐。收工时，他们高兴地将两载筐银蛋担回

↑ 秀才院正房山墙

↑ 秀才院练功石

了家，这下可激发起大家除菅草挖银蛋的劲头了。他们天天起早贪黑去除菅草挖银蛋，很快就把地深翻了一遍，菅草彻底除完了，不过再也没有挖出银蛋来。这块地当年种上的庄稼，秋天就获得了极好的收成。之后，这个家族得到快速发展，他们又买了土地，建了房屋，成为吕家村的第一大户。

石榴院 "一面铜锣起了家"

石榴院建于明末清初，是当年村里第二大户吕永富、吕永贵的祖上最早的院子之一。值得一提的是院内的石榴树，据说这棵石榴树为建房时所栽，至今仍枝繁叶茂，果实累累。因此，人们将此院称为石榴院。

院子大门朝东开，西为堂房石拱横窑。上层是木结构的戚位，但与其他戚位有所不同，该戚位的隔扇与前墙有一个石阶，攀石阶上戚位的第一间属过厅式。北厢房为二层楼平房顶。那时，这个家族只有生存之能，还无发展之力，盖房用料并没有精选细挑，做工也相对较为粗糙，但建造质量还是相当扎实的。

院子北边有口隐蔽的水井，是与北楼一起施工建造起来的。北楼的南半部建在了水井上，水井的大半部压在楼下，形成了"井上楼，楼下井"的奇观。井口嵌在楼房墙的石拱券内，圆形的石头井口上留有六道一至二厘米深的绳槽痕迹，足以证明这口古井的年龄。据说，该院子是这个家族发迹的起源地。

在吕永富、吕永贵曾祖父吕廷及高祖父吕志文那个年代时,他们还是这个村普普通通的一户人家,生活也不太富裕。俗话说:增人不增地,饿得出臭气。那时,吕廷有三个儿子,后来人口越来越多,家庭就越来越穷,尤其是三儿子吕日泰(吕永富、吕永贵祖父)英年早逝,留下妻子带着两个儿子吕治全、吕有全和两个女儿生活,日子过得更加艰难。清光绪年间,有一年临近年关,家中无米下锅,无钱买粮,眼看年就过不去了,愁得母亲吃不下饭,睡不着觉。她思来想去,只好打发吕治全和吕有全(吕永富、吕永贵父亲)兄弟二人到山西乐平县(今昔阳县)舅舅家去讨借过年急需的钱物,但舅舅以自家也无钱无粮为由拒绝了。兄弟二人垂头丧气地回到家里,将情况告诉了母亲。母亲想,自己的亲兄弟都不帮,真是"穷在街前无人问,富在深山有远亲"啊!她大哭一场。正

↓ 石榴院全景

↑ 石榴院及街巷

在无路可走之时，母亲忽然想起山西平定县甘桃驿村有一康姓亲戚，家境富裕，并且听人说此人乐善好施，远近闻名。无奈之下，她抱着试试看的心态，又打发吕治全和吕有全去甘桃驿村向这一康姓亲戚求助。康姓亲戚听了兄弟二人的诉说后，非常同情，当即安排家人将一面铜锣装在一个布袋子里，嘱咐他俩去当铺里当了，变换成现金，并特意嘱咐他俩若钱给少了不要当。兄弟二人到了旧关当铺，当铺掌柜一看是一面旧锣，不予接受。但当掌柜看到布袋上印有康家的堂号后，又问清楚是康家人打发来的，掌柜二话没说，就按照兄弟二人的要求给当了。康姓亲戚不仅帮吕治全、吕有全一家人过了年，此后还亲自筹划安排用当铜锣的钱，将靠近甘桃驿村的石佛岩的几亩地买了下来。他们有了自己的土地，当年就种上了庄稼。但因天旱，年景不好，临近秋天，他们又补种上了菜根。秋天收获后，晒下两窑洞菜根片（菜根干）。他们以此为主食，收下的谷子舍不得吃，卖掉后还了康姓亲戚家的铜锣钱。从此，他们在自己的土地上耕种，并且兄弟二人都长大成人，结婚生子。吕有全还学会了烧木炭的手艺。他们边种地，边烧木炭、卖木炭，光景渐渐好起来了。家里人都说："全凭那面铜锣救了咱这一家人。"一家人念念不忘康姓亲戚的恩情。这就是流传至今的"一面铜锣起了家"的故事。

绣楼院　闺中女儿必守规

绣楼院为清嘉庆年间所建造的一处宅院。此院大门近似抱厦门楼，木制屏门，堂屋及东西厢房及门楼均为二层建筑。正房与西厢房底层都是石拱横窑，上层是木结构，都是平顶。东厢房因年久失修，于民国二十一年（1932）拆除重修。这里最具特色的是，西厢房二层乃是一绣楼，故这个院被称为绣楼院。从石阶上戚位转西厢房，穿过门楼顶棚上木梯即可到达西厢房顶和北戚位房顶。这种房屋设计具有很强的隐蔽性，在古时候是专为未出嫁女子设置的闺房。她们在出嫁之前只能在绣楼上习字、弹琴、刺绣、做工、休息等，烦闷时，可以到房顶上吹风、休闲、活动，但不能随意下绣楼，下楼就要受家法制裁，可见旧时吕氏家规的严苛。后来，这个院子就成了家族教育不守规矩子女的场所，只要有人犯了错，将他

↓ 绣楼院长方形天井

绣楼院内景

绣楼院内景

绣楼院屋内摆设

从绣楼院北楼向东看到的风景

绣楼院楼上风景

绣楼院东楼二楼窗户和屋顶

绣楼院北屋前墙

↑ 绣楼院窗户

↑ 绣楼院

叫到这个院子，他就会乖乖地承认错误，认真地改正。

这个院子有特殊意义的是，1938年2月，刘伯承、邓小平率一二九师在长生口对日寇进行伏击战时，指挥所设在吕家村，刘伯承师长就住在这个院子里。之所以给刘伯承师长选择这处院子住，一是隐蔽性特别好；二是紧邻指挥所，两处相距只有30米。更特殊的是，如遇紧急情况时，不出大门，可直接上二楼戚位，进入门楼顶，再上木梯到达绣楼房顶，只需与福寿院房顶搭一块四米长的木板，就可直接进入指挥所。邓小平政委住在指挥所南30米；刘伯承师长住在指挥所北30米。当时这三处院子戒备很严，位置隐蔽安全，行动便利顺畅，全村老百姓非常支持、配合，给指挥、决策工作创造了非常有利的条件。1945年，井陉县路南第五区政府也曾在此戚位利用房顶暗道，绣楼院与福寿院房顶搭木板，连接成"房上房"居住。他们白天在此办公及休息，夜晚深入敌区（于家一带）开展革命斗争。

新院　实来实去十六载

新院始建于清末，是吕家村所有古院落

中最新的一座，故名。这是一座清一色的石头院，院子的主人是当时吕家村第二大户吕永富。

吕永富一家人从贫穷到富裕的发展历史，非常具有戏剧性。吕永富的父辈在生活绝境时得到亲戚的帮助，"一面铜锣"救了这个家族，家境逐步发展了起来。但其父吕有全病逝后，留下吕永富、吕永贵兄弟二人，年岁都小，生活又一次陷入困境。他们兄弟二人，吕永富为长，就成了当家人。吕永富性格直爽，人品好，虽然年幼，但精明能干，治家有方，是他再一次改变了这个家的命运。

在他们的生活又一次过不下去时，这年，正好遇上一个山西人赶着一群羊来找"卧地"（为准备下季种植，把羊群赶到收割后的空闲地上，用羊的粪便肥田），吕永富果断地留下了。卧完地后，放羊人临走时，将其中十来只得了疥疮的病羊贱卖给了吕永富，吕永富就让十来岁的弟弟吕永贵天天赶着羊到山上放。结果，这些羊的病不治而愈，并渐渐发展成了一大群。吕永富还从父亲那里学会了烧木炭的手艺，从此，养羊和卖木炭就成了家里的主要收入。

↑ 新院大门

↑ 新院东侧门外景

他们将卖羊和卖木炭攒下的钱用来买房、买地、建房。到清朝末年，吕永富膝下已有三个儿子，吕永贵也有两个儿子。他们崇尚儒学礼教，给这兄弟五人按年龄从大到小分别取名为：温、良、恭、俭、让。随着年龄的增长，他们都成了家里的主要劳动力，日子也越来越好了，家族实现了第二次翻身。

家境好起来了，人口也多了，房子不够住了，就开始建房子。从动工到民国十六年（1927）完工，历时整整十六年，吕家兄弟五人农忙时干农活儿，农闲时盖房子，全凭自己的努力，依次建成西窑两间，南窑三间和内窑一间，东窑两间和两层北楼，开大门，大门外还建有一碾一磨，一套完整的四合院就建成了。

新院的选址、建设、结构、用料、使用等都有讲究。过去人们都传说这里是一条龙脉，这处院子正好坐在龙背上，期盼借这块

↓ 俯瞰新院

风水宝地使这个家族得以发达、辉煌。院落坐南朝北，抱厦门楼，门脸上制作有雕工细致的一个垂花架，花架两头各倒吊一个垂花，横梁正中刻有"堆金积玉"四个字。靠近里边的门楣上刻有"凝瑞气"三个字，意在财源广进、金玉满堂，整个庭院充满吉祥之气。

↑ 新院水井

院子中间是一口旱水井，一年四季下的雨水和融化的雪水全都汇集在这口井中。这里十年九旱，所以雨水贵如油，下雨就是下"福"。房顶的四周都建有围墙，封闭严实，一滴雨水都跑不到外面，寓意着老天馈赠的财、福不能外流，全都汇聚在这里。每当丰雨年时，这口井就能蓄满水；要是院子

↓ 新院内景

↑ 新院东侧门房顶花墙

↑ 新院东侧门

里还有多余的水，就通过暗水道自动流入大门外的水井里。再旱的年景，这两口水井的水也能满足这一大家三十多口人和饲养的牲畜饮用。西、南、东三面平房顶上的流水沟出口处，都有一个弯头状的石头瓦口，不仅外形美观，它还有更大的作用，能使流出来的水有个缓冲力，缓慢流下，不直接猛冲下来，寓意是细水长流，造福家人。

院子的东南角留有后门，作用是疏解顽气，不留死气，使整个院子的阳气流动起来，具有生机活力。墙上、地上的石头凿刻的纹缕也各不相同，都有讲究。西窑的墙石为一寸两錾（一寸凿刻两条线），南窑和东窑的墙石为一寸三錾（一寸凿刻三条线）。北楼的墙石更加精细，那时人称"一块石头一块钱"，即制作一块石头，光工钱就要一块大洋。据说当时干活儿的人看这样费钱，不敢干了，但主人发话："继续干，工钱一分不会少。"这才把楼房建起来。

这处院子的建造工艺也充分反映出这个家族兴旺发达的历程和发展状况。西窑最先建，那时家境刚有所好转，有些积蓄，但并不富裕，所以，对工艺要求不是很严格，讲究也不多。加之那时只请了一个工匠，兄弟五人还都是学徒,干的活儿就显得粗糙些。随着家境不断殷实以及五兄弟技艺的逐步提高,以后建的房屋一个比一个讲究,一个比一个精细。

新院还有一个特殊的现象,即正南窑的过门石选用的这块石头,经过人们多年进出与鞋底的摩擦,过门石上渐渐显出一条鱼的化石,人们看了叹为观止,称其为"兴宅之宝"。有学者认为,这块石头应有地质考古研究价值,因这些石料全是在村后的山上采来的,足以能说明在几千万年或是上亿年前,这个地方曾是河流或是一片汪洋大海。

院子的四面房子和院子地面一色青石,

↑ 新院楼梯

↓ 石头瓦口

↑ 屏门木刻诗词

全是一锤一錾凿刻而成。大门外侧左右两个门垛的迎风石上雕刻着胖娃娃、葡萄、花草和云头等图案花纹，打磨得油光锃亮，栩栩如生。院内屏门两根石柱上镌刻有小梁江村晚清秀才书写的楹联：入户闻家声礼乐诗书孝悌，卷帘看春色椿萱棠棣芝兰。两根石柱间镶嵌的四块屏门板上，分别镌刻着宋末诗人翁森《四时读书乐》的诗句。这些文字墨迹，处处体现的是教育家人要父慈子孝、兄友弟恭、尚孝道、重礼节、喜读书，期盼家庭和睦、家运昌盛。

南窑墙上的天地爷神龛，是微缩庙宇造型，雕刻有石瓦、石柱，两根石柱内的石框上分别刻有"天高降百福""地厚纳千祥"，横批"大德曰生"。龛座的前面，雕刻的是"二龙戏珠"，十分精美，反映出吕氏家族祈求老天福禄降临、祥瑞积存的愿望。整个院子给人以宽大质朴之感，人们将这样的院子称为"垂花门楼闪屏院，倒吊铜锤插前檐"。

新院是一个具有红色革命历史纪念意义的院子。自1937年秋至1945年8月，这个院子一直是八路军的联络点和驻扎地。1938年2月，八路军一二九师师长刘伯承、政委邓小平在吕家村指挥了著名的长生口伏击战，取得了重大胜利。当时，邓小平就住在这个院子的正南窑。

↓ 青山下的村庄美丽安详

古阁古树护生灵

吕家虽然村子不大,却有着较为丰富的民间信仰,并有着各自的固定载体,阁楼庙宇俱全,或小巧精致,或朴拙粗犷,它们矗立在或突出或隐蔽的地方,一座建筑就像一个卫士,守护着大山深处的古村落。

古阁

古阁始建年代已无可考,据清光绪年间重修碑记载,此前已大修过四次。古阁一直雄跨于村口河道之上,为石头拱券楼阁。阁旁建有蓄水池,吕家村南有三十里山场,每年雨季都会有大量的雨水从村

↓ 古阁

前流过，但因为有古阁和蓄水池的科学合理调控，再大的水也没有漫出过古阁道口，反映了乡民治村治水的聪明才智。乡民还认为古阁的存在对水流形成了威震与控摄，因此古阁也被乡民誉为"神阁"。

关帝庙

关帝庙建在吕家村口，旧称关圣祠，俗称老爷庙。关帝庙建于何时已无从考究，最早的记载是清康熙三十五年（1696）。祠成之时，有房三楹，祠前种柏树两棵，西边石柏，东边土柏。钟房挂钟，钟口直径80厘米，高100厘米。为传于后世，特请和顺县白云村庠生（秀才）吕纬撰写碑文，吕辅周丹书，至今已300多年。

每月的初一、十五，以及正月十六、五月十三是这里的传统庙会，成百上千的善男信女都会自发赶来烧香祈福。吕家村是旧时晋

↓ 关帝庙

↑ 关帝庙中供奉的关老爷

冀的交界地，关公庙是南面和北面战备围墙的合拢点，昔日古柏参天，后遭破坏。庙前公路是连接平定府和正定府的交通要冲。

玉皇庙

玉皇庙建于清乾隆六年（1741）。村人为祈求平安，在村口处建起一座拱形门洞，拱桥为半圆"口"形，又在门洞上建起玉皇庙。庙建在拱形门洞上，既显得庙之高大，也是为了节省空间，井陉很多地方都是这样，当地人把这种建筑称作"阁"。玉皇庙前的走廊也是通往洞宾山上山的路，平时也有人在

↓ 乡民供奉的玉皇爷

这里歇息玩耍。

旧时每逢初一、十五,以及过年时,乡民都到玉皇庙上供烧香。

20世纪70年代,村民在玉皇庙前修建了水塘。

五道爷庙

五道爷庙建于村口。村人认为人死之后,根据生前修性守道情况,其灵魂会入五道,即神道、人道、畜生道、恶鬼道、地狱道,主管灵魂换世转生、五道轮回的神灵就是五道爷。村人在村口建庙,置奉五道爷塑像,焚香上供,请求五道爷勿为难亡灵。

五道爷庙前的拱桥亦呈半圆"口"形,与玉皇庙前的拱桥两"口"相邻,即寓"吕"之意。

↓ 五道爷庙

↑ 山神庙和庙后的老树

↑ 河神庙

↑ 河神庙前水塘

山神庙

山神庙位于村南后沟与罗圈沟两条大沟交会处。两沟是吕家村的主要山场，沟深林茂，生存着众多野兽。先人将庙建于此，祈求山神管住兽类，保佑村民平安。

河神庙

河神庙位于村口，坐落在洞宾山脚下的东岸根沿上。每逢雨季，山洪暴发，给人们带来灾难。先人将河神供奉起来，以保人畜免遭灾患。河神庙下面是村口小塘坝。

古槐

进入吕家石头阁门洞，首先看到的就是这棵迎客槐，高约15米，伸展着枝丫欢迎游客的到来；又像开屏的孔雀，头朝南尾朝北，示意游客由此向南进入古村落。据传，古槐为吕氏先人为迎接客人专门植下的，表示对每一位来到村里的客人的欢迎。近现代，古槐也经历了由盛变衰再转盛的过程。以前，古槐一直长得很旺盛,后来古槐的上方建起了学堂,传说古槐不敢冒尖,长势就萎落下来。20世纪90年代学校搬走以后,古槐又老树发新枝,蓬蓬勃勃地焕发了新的生机。

其实,这里的古槐虽然苍老,但并不像其他村子的老槐树枝干巨大,究其原因,是因为这里是石头的山坡,槐树能生存下来已经是非常不易,更何况它一直为村民遮阴蔽日,为游客指路站岗。村里人还说,古槐的神奇还在于它的百年一歇,百年更新。没有人能说清楚它究竟歇了几次,更新了几次。总归是,我们看到它的时候,它是挺拔的,苍翠的。

除了古槐,老爷庙里曾有郁郁苍苍的古柏数棵,可惜现在已不复存焉。

↑ 迎客槐

↓ 大槐树下

古街古巷映沧桑

吕家村悠悠古旧街巷，皆为青石铺就，石块大小不等，形状各异，乱石铺锦，巨细相间，高低俯仰，曲径通幽，如诗如画。百年直立的院墙相夹，宽度2米到3米的街巷，尺度宜人，符合村民的生活生产活动，与历史面貌一致。小巷依地势而行，蜿蜒而上，纵横错落，形成了村落的道路框架，充分体现出古村落以人为本的设计理念。

巷边旮旯角落的土石堆上，春夏多种植农家小菜，墙角偶有乔木种植，高低错落。蜿蜒曲折的石墙、石巷，绿藤点缀，花木参差，形成别具自然野趣的古村落街巷空间，建筑基台部分多设有作为厕所或储藏间的小涵洞，增加了街巷空间的错落和蜿蜒。

吕家村现有7条古街巷，即五道爷街、南头街、碾旮旯街、窑后街、场道街、北头街、村口街。

五道爷街

五道爷街自老槐树下五道爷庙起至榨油坊，长约130米，宽3米，为清朝中期修建。五道爷街是公共街区，村民和游人都喜欢在这里休息。

南头街

南头街自榨油坊到五彩吕家小游园，长150米，宽2.5米，清朝中期修建。

碾旮旯街

碾旮旯街从五彩吕家小游园到西院，长200米，明清时修建。

窑后街

窑后街自五道爷庙向上经过三滴水院，过绣楼院前，到福寿院下出，长200米，宽2.5米，清朝中期修建。

场道街

场道街从五彩吕家小游园到村民中心，长300米，宽2.5米，明清时修建。现在该街古民居被合理利用，形成别具一格的民宿一条街。

北头街

北头街从三滴水院到高头洼，长200米，明清时修建。

村口街

村口街从牌楼入村至五道爷庙和老槐树，长150米，宽3米，是村内最宽的街道，村口街连接两个广场，即艺术馆广场和村内中心广场，所以该街也是会客迎宾、举行活动、车辆行驶的必经之路。

墙上小街

窑后街

南头街

南头街

村街道，古柏苍苍

五道爷街

场道街

书香院街

吕家村属温带气候,以季节性降水为主。十几里的吕家沟与四十里甘桃沟交会,四周山高林密,草木茂盛,色彩斑斓。广阔的山场,优美的环境,更加衬托出吕家村的古朴典雅,安静祥和。

↓ 绿色吕家

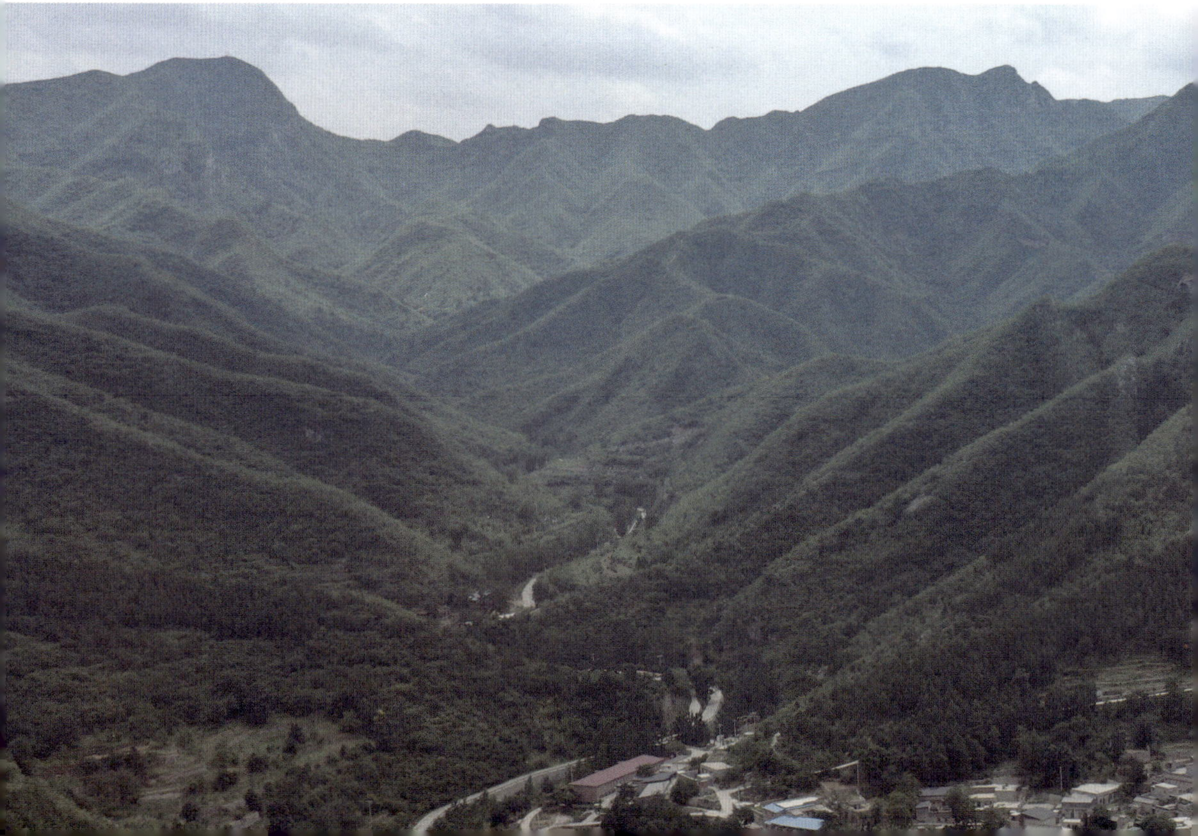

中国历史文化名村
河北吕家

第二章
国家级森林乡村

吕家村四面环山,青山环抱,空气清新,全年空气质量优良天数达300天以上。村庄主要水源为山林泉水,整体质量优良。吕家村植被以原始次生林为主,种类丰富,主要树种包括黄栌、荆条、楸树、松柏等,绿化覆盖率达到70%以上。另有新栽果树100亩,景观树种200亩,松柏等环村乔木400亩,花草200亩。

吕家村野生动植物资源丰富。野猪、山鸡、狼、狐、山羊、野鹿等出没山间。柴胡、连翘、五加皮、知母、瓜蒌、细辛等野生药材遍布山野。婆婆丁、苦菜、马齿苋、山韭、山蒜、地菜等野菜储量丰富。尤其是这里的山蒜个大、味足,远近闻名;花椒的品质更是享誉四方。

吕家村之所以被评为国家级森林乡村,是有着悠久的历史渊源的,这里的人们自古以来便重视山林保护,保护生态,植绿爱绿,

↓ 西山青翠的柏树林

村在林中，人在绿中。"光绪十四年（1888）禁山碑"记载："夫禁山一事取其群杰，丛森岗峦秀丽，是盖欲收山间之旺气，非徒状里巷之观瞻也。井邑吕家村环于诸山之间，其面对东山，乃前辈之禁山。一自斧斤伐之，若被其濯濯者盖有年矣，且合村人等欲其林木之重生，得复前人之旧制，南有吕保全荒坡一段，北有吕义和荒坡一段，俱皆仗义施舍以全其美。于是乎不崇朝而禁规定矣，嗣后若有伤毁所禁之木者，罚钱八百，入官中六百与捉者二百，惟恐代远年湮，人或遗忘，故刻石以记之。"

值得一提的是，如今，在2万余亩山场森林中已修有8千米长的红叶观光道路，足以让人尽享山林之美。春天，连翘满山，金黄璀璨；夏天，柏青松绿，山静林幽；秋天，满山红遍，层林尽染；冬天，峰峦叠嶂，北国风光。

↓ 吕家红叶满山坡

深沟寨垴好风光

↑ 吕家红叶

深沟寨垴在吕家村对面，与洞宾山相连，海拔800米左右，山势高耸入云，两翼环抱吕家村落，犹如一座巨大屏风。顺庚子战备长墙攀缘而上，到最高处就是寨垴。寨垴四壁悬崖，顶端却是方圆十亩的平地，有围墙环绕，松柏戌盛，旧时为村民躲避兵荒马乱的天然堡垒。站在寨垴俯瞰，太行山脉连绵起伏，横亘于脚下，蒋家、支沙口、流沙硼、大小梁江村舍俨然。北望，依稀听得见车辆的长鸣声，南与骆驼岩遥相呼应，东达甘陶河，西接三晋平原，绵延四十里的甘桃沟尽收眼底，是游者、文人观光游览、畅怀吟啸的绝佳去处。

↓ 黄栌满坡

↑ 寨垴秋色

↑ 吕家秋色

吕氏渊源洞宾山

↑ 雨后，登上洞宾山眺望

洞宾山位于四十里甘桃沟的中部，属于深沟寨垴的北翼。传说吕洞宾在此山中修炼布道，汉钟离来此到访下棋，其山因而得"洞宾山"之名，延续至今，地缘人名，名地辉映。

洞宾山海拔783米，带着几分霸气、几分蛮横，突兀挺拔在吕家村前。洞宾山是矗立着的一座孤山，四面几百里连绵的群峰迭起在洞宾山的周围，像众星拱月，让人感受到一种辽远博大的美。

↓ 洞宾山下望吕家

洞宾山山高谷幽，石怪峰奇，层峦叠嶂，山体棱角分明，石柏滴翠，鸟语虫鸣，奇花异草，相互辉映，空气清新，气候宜人。洞宾山阶梯式陡崖，贯穿全境，景色独特，长墙绵亘，攫厄踞险，变化莫测。有大角峰、观日峰、望川峰、平坦峰、山寨峰、荆坡垴、后山峰、八仙岭等诸多景观。有天然的和尚肚石、道者石、巨人石、壁画岩、人形石壁像等，千姿百态。

↑ 登上洞宾山远眺后沟朝帽岩、骆驼岩、十八盘

↓ 从北侧望洞宾山

天然溶洞有奇观

↑ 天然溶洞

洞宾山的山腰际有天然溶洞，如蝙蝠洞、无底洞、鸽子岩洞、窑门洞、纯阳洞、柳童洞等，深不可测，静室幽居，很是空旷，钟乳石犬牙交错，洞内景色千姿百态，散发着无尽古朴的美感。据当地老人说，洞宾山是座空山，在西边洞口燃火，在东边山腰洞口就有轻烟袅袅飘出，但由于洞内地形复杂，狭小处仅容人匍匐而过，所以至今无人深入勘探过。

蝙蝠洞

蝙蝠洞内蝙蝠成群飞舞，倒吊钟乳石壮观惊人。

无底洞

无底洞深有数丈，灯光打下不见底，是一个神秘洞穴。

鸽子岩洞

鸽子岩洞坐落在悬崖峭壁上，洞内岩石千姿百态，是最险要、最开阔、最美丽的天然溶洞。鸽子岩洞上方是悬空台，险要，惊奇；旁边是悬空桥，足下千尺，英姿不凡；又有千斤顶，一块方石能承受数吨巨石的压力。站在山腰栈道上，可观山川村落，亦可观土地良田。

庚子长墙藏兵洞

庚子战备长墙,属庚子年抗击法德联军的第二道防御工事。1900年,八国联军侵华,清皇室西逃山西、陕西。法军一部由京津地区进犯井陉,向娘子关方向追击前进。大同镇总兵刘光才奉命率所部忠毅军在井陉择地驻扎,相机堵御,其中一部在吕家村东南南坡和西坡修筑战备工事防御长墙,村南、村北都有,顺山势绵亘十数里,如左膀右臂一样把整个村子环抱起来。南坡的一段长墙保存较为完好,通体高约2米,厚1米,长200余米。长墙北面山石裸露,南面却是柏林高耸,草木丰茂。沿着长墙向上攀爬,可直达深沟寨垴。战备防御洞、长墙在抗击日寇侵略和解放战争中也发挥了突出的作用。

20世纪二三十年代,鉴于娘子关在军事上的重要地位,晋军一部在吕家村驻扎一年多,在村西楸树坡山腰上挖掘防御洞用于藏兵作战。防御洞直径约2米,长60多米,东西走向,贯山而过。洞内崎岖盘旋,宽敞处能容十多人,狭隘处仅容一人弯腰而过。

↓ 庚子战备长墙,沿墙向上有战备防御洞

　　1938年2月,八路军一二九师师长刘伯承、政委邓小平亲自在吕家村设立指挥所,指挥了著名的长生口伏击战并取得了胜利。吕家村至今保留有刘伯承、邓小平旧居。在抗战中,吕家村子弟踊跃参军、英勇杀敌,涌现出许多感人的抗战事迹。

↓ 雨后村景

中国历史文化名村
河北吕家

第三章
红色印记吕家村

↓ 一二九师指挥所

一二九师指挥所

一个名不见经传的小村，曾经做过一个师部的指挥所。一个区区三四百人的吕家村，曾经有那么多青壮年走上战场，流血牺牲。

1938年2月的一天傍晚，一队八路军静悄悄地来到吕家村。他们穿着灰色军装，打着绑腿，从村子南口进来，听说是从距吕家村7.5公里的汪里村（当时归山西管辖）过来的。

八路军进村没有惊动村民，很快进驻两座四合院，一处是吕嘉谟家的，一处是吕永富家的。正房和厢房都是用大块青石砌成，

↓ 一二九师长生口伏击战指挥所

非常坚固结实，而且两处院子相距很近，方便联系。他们是晚上进村，没有征用其他民房，所以只有几位村负责人清楚，大部分人都不知道。

第二天早晨，人们出门才发现八路军昨晚进驻吕家村。两处院落的房顶、门口都有哨兵持枪站岗，房屋间拉起许多蜘蛛网般的电话线，不断传出"叮铃铃"的电话铃声。有的战士在街上巡逻，村边的几个路口都有人站岗把守。

村民走路时尽量绕过这两座院落，只有一些七八岁小孩好奇，站在大门附近围观。据围观的小伙伴讲，其实人家说话是什么内容，根本听不懂，只是看热闹。当时是正月冬闲，大家都在家里，偶尔在院子里晒晒太阳，互相低声私语："八路军可真仁义，大冬天的夜里来，咱们都不知道。""那都是十八九岁的孩子们，在外边不进家要冻坏的。""不知道要打哪里的日本鬼子啦？"人们都在猜测，却议论不出结果。

几天后人们才听说，八路军在长生口伏击战中，打死了很多日本鬼子，而这次战斗是一二九师刘邓首长在吕家村的四合院里指挥的。

隔山指挥长生口

全面抗战初期，八路军在井陉曾数次伏击和袭击日军，狠刹了侵略者的嚣张气焰和威风。其中，最有影响的是一二九师三八六旅第七七二团、第七七一团两次在长生口伏击入侵山西的日军和一一五师三四四旅第六八八团夜袭驻井陉矿的日本侵略者。1937年10月中旬，日军占领井陉后，在继续向山西进犯时，国民党陆军第三十八军第十七师在雪化山、旧关浴血奋战，给侵略者以迎头痛击。同时，八路军一二九师第七七二团和第七七一团在长生口、核桃园亦给以日军沉重的打击。长生口位于井陉西部，与山西省交界，自古以来是冀晋往来的必经之路。10月14日，日军占领井陉城后，其川岸文三郎第二十师团和山冈重厚第一〇九师团除沿正太路继续向娘子关进攻外，还分兵一部沿这条冀晋古道，经板桥、长生口、核桃园向山西的旧关进发，企图迂回至娘子关背后，夹击坚守娘子关的国民党曾万钟部队。为不让侵略者的阴谋得逞，10月20日，一二九师三八六旅旅长陈赓率第七七二团到达距旧关东十几公里井陉境内的支沙口。21日晚，陈赓命令副团长王近山带领第三营的两个连，连夜袭击聚集在板桥村西北后山的日军。在部队赶到长生口河沟，即将登上西部山坡时，突然发现从板桥方向开来一股日军，约有一连人。王近山立即令战士们迅速散开，选择河沟两侧有利地形，等候来犯之敌。当日军全部进入伏击圈后，战士们的机枪、步枪、手榴弹，顿时齐向敌群射击和投去。深更半夜里，这突如其来的伏击，使日军晕头转向，不知所措。于是，日军边盲目还击边逃跑，退守在长生口村边的一个打谷场上。第三营的战士们步步为营，以四周的房屋和残垣为掩体，继续猛烈攻击。战斗持续了半个小时，除少部日军调头逃回板桥外，共击毙50余人，缴获军用骡马4匹及部分枪支弹药。这次长生口伏击战后，第三营又紧接着在平定县的东石门（今属井陉）、

↑ 一二九师战士在战场上

马山村、七亘村三地伏击日军，其中以26日和28日在七亘村的重叠伏击打得最为漂亮，第三营仅以伤亡30人的代价，歼灭日军400余人，缴获驮载弹药及其他军用物资的骡马300余匹。一二九师的四战四捷，不但打乱了向西进犯的日军对娘子关等地的迂回攻击，救出被围的国民党军曾万钟部队，也以铁一般的事实批驳了国民党的部分将领轻视八路军游击战的谬论。但是，井陉长生口伏击战，一方面使八路军将士们士气高涨，另一方面也激怒了驻井陉的日本侵略军，仅过三天，日军反扑而来，对长生口和核桃园两村进行了血腥屠杀。

长生口伏击战后四个月，还是在长生口，还是下旬初，还是一二九师的第七七二团，再次伏击了日本侵略者。战事经过是这样：1937年11月8日，太原失守，日军开始向山东进攻；在华北战场，以国民党军为主体的正规战争已经结束，战争进入以共产党领导的游击战为主体的新阶段。1938年2月6日，一二九师在辽县（今左权县）召开团以上干部会议，刘伯承作了题为《太原失守以来的军事工作报告》，同时还发表了其他许多重要讲话。

↑ 长生口伏击战纪念碑

↑ 长生口伏击战纪念碑（碑阴）

他说："集我们抗战以来的经验教训，就是与敌人打仗要依靠游击战和群众，用袭击、突击、伏击、待伏、诱伏等手段，消灭敌人……""我们打仗的特点是八个字：秘密、迅速、坚决、干脆。"2月19日，刘伯承率师部及部队顺羊肠小路，翻山越涧，抵达平定县长岭。刘伯承当即召集三八六旅和三八五旅的干部开会，决定再次发动长生口战斗，袭击井（陉）平（定）公路上的日军据点旧关，以吸引井陉日军出援，在途中歼灭之。具体方案是，以一部分兵力佯攻旧关守敌，但不切断敌人通往井陉城的电话线，迫使其向井陉守军求援，然后用主力伏击井陉增援之敌，即"围城打援"，目的不在得"城"，而在歼敌。20日，刘伯承率部队迅速前进；21日，带师部进驻距旧关10公里的井陉县吕家村。陈赓旅长也带第七七二团和第七七一团的部分官兵于21日重返第一次伏击战时的宿营地支沙口。刘伯承命令将主力设伏在长生口附近，让陈赓具体组织指挥。是日，陈赓命第七七二团团长叶成焕率领号称"夜老虎"的第二营，于22日凌晨1时出发，拂晓前赶到长生口南山进入战斗准备；同时，派遣一个连的兵力连夜赶赴井陉城南关附近的山地潜伏，侦察敌情，相机而动；又令第七七一团派一个连设伏在核桃园与旧关之间，准备截击西边的援敌。1938年2月22日，还未出农历虎年的正月，天气仍十分寒冷。陈赓随同战士们顶着凛冽的北风，匍匐在阵地上，静候敌人。4时许，战斗打响了，从旧关方向传来第七六九团佯攻敌驻军的密集枪声；6时左右，从井陉县城方向

↑ 长生口伏击战缴获的武器

的公路上传来了援救部队的汽车马达声。只见8辆汽车，满载200余名日军急速驰来。待汽车全部进入伏击圈后，第二营的战士居高临下，迅速发起异常猛烈的进攻。日军措手不及，顷刻人仰车翻，乱作一团，有的钻入车下，有的向沟坡上爬。叶成焕率战士们立即发起冲锋，与日军展开白刃战，仅半个小时，战斗胜利结束。这次伏击战，共击毙日军官兵130余人，炸毁汽车5辆，驻井陉南关警备队长荒井丰吉少佐被击毙，还缴获迫击炮两门、九二式重机枪两挺及其他各类枪械百余支与一大批弹药、军用物资。长生口伏击战是刘伯承又一次运用"攻其所必救，歼其救者"的兵法所取得的胜利。

首长深夜请吕录

当年15岁的吕庭武，对一二九师进驻吕家村的许多细节都记忆犹新。1938年正月二十三（2月22日）的晚上，寒风凛冽，滴水成冰，吕庭武的爷爷那天病危，全家正围坐在一起商量爷爷的后事。这时突然传来一阵急促沉闷的敲门声，他连忙跑到院里打开大门，村民兵吕连帮和吕建堂及身后紧跟着一位穿灰军装的八路军战士一起进屋，来找他父亲（吕录，时任吕家村路长）。看到爷爷病重，他们把父亲叫到屋角低声说了几句，只听见："有急事！"父亲只点头没说话，转过身抓起帽子戴在头上就跟他们冲出大门，消失在夜幕中。

大约一个小时后，他父亲回到家里，只是说"有事要问"，家人听后都不解其意。那时形势残酷，做事都是"地下"，父亲的原则是，不知道的不问，知道的不说。全家形成习惯，凡是父亲做的事都不问。几天后，村中传来消息：真解气，日本鬼子在长生口被八路军全部"端锅"。父亲听后高兴得嘿嘿直笑。父亲后来告诉吕庭武：那天晚上跟他们出门，看见不宽的街道两边站满了八路军战士，他们年岁不大，也就二十来岁的样子，身穿灰和绿两种服装，头戴八角帽，有的背着长枪，有的背着大砍刀，说话都是低声，动静很小。那天夜里气温很低，他们却笔直地站在街头。这时候他才明白八路军傍晚静悄悄进驻吕家村了。在一处四合大院（一二九师长生口伏击战指挥所）北正屋内，八路军的几位军人亲自问话，吕家村的地形、山场、道路、民兵武装，问得很仔细，有的话反复问过几遍。问话的是位戴眼镜的高个子军人，还有位小个子军人，问话很严肃，他们都是外地口音，有的话听不懂，当时身边有位军人还负责解释。其间，院内厢房不时传来通信兵接打电话的声音，由于口音不同，听不懂内容，但从语气感觉当时情况很紧急。问完话，戴眼镜的高个子军人握手说："谢谢你！回家照顾老人吧，今晚上你别参加啦！"小个子军人站起身拉住他："夜里村子都戒严了，派人送你回家吧。"说话间，喊来通信员一路护送父亲回到家。

↑ 91岁的吕庭武老人
（2014年摄）

  吕庭武的父亲吕录后来才知道，那天晚上去的四合院就是八路军一二九师指挥所，第二天伏击日军的长生口伏击战就是在此指挥的。戴眼镜的大个子军人就是刘伯承师长，派人送他回家的小个子军人就是邓小平政委，晚上八路军一二九师三八六旅第七七一团、第七七二团就驻扎在距吕家仅2公里的支沙口村。

↓ 长生口伏击战的敌后指挥所

师长让路给村民

1938年2月,正是农历的正月,八路军一二九师指挥所驻在吕家村,刘伯承、邓小平指挥了著名的长生口伏击战。军民鱼水情,人民子弟兵给吕家人留下了深刻印象。

战争和贫困中的吕家村,丝毫没有正月的感觉,八路军进驻吕家村才带来了几分朝气。大家看到战士们都是二十来岁的孩子,穿着不厚的冬装,夜里进驻吕家村不入户,迎着刺骨寒风站在街头,心里真是心疼,就把家里最好的柿子、核桃塞到战士们口袋中。一位老大娘看见站岗小战士扛枪的肩上衣服都磨破了,回家拿来针

↓ 邓小平住所(新院)

线，站在街头为他缝补。最高兴的是村里的孩子们，有的围观在一二九师指挥所四合院的门前，有的好奇地注视着持枪站岗的战士，有的玩闹嬉笑着奔跑，欢笑声久久回荡在吕家村的上空。

↑ 刘伯承住所（绣楼院）

那时的吕家村都是旱水井，村民吕英来家中无井，只好到邻家挑水吃。他年轻时干活腰和腿被石头砸伤过。这天上午他挑起两只空桶，要到邻家挑水。刚踏上家门石台阶，脚下一滑没站稳当，重重地摔倒了，疼得"啊、啊"直喊，邻居听到喊声赶了过来。几位巡逻的战士正好看见，立刻拨开人群，与邻居把吕英来扶进家门，并留下一名战士给吕英来家水缸挑满了水。

下午，勤劳的吕英来牵着自家的毛驴沿着山路走，一来遛遛毛驴，二来搂点柴草回家烧炕取暖。抬头一看，几位八路军正从山坡上迎面走来，前边一位戴眼镜的，身材魁梧，胸前挂着望远镜，后面紧跟着几位战士，像是在山顶观察地形下来的。吕英来赶紧把毛驴牵到路边，给他们让路，谁知几位八路军都闪到路边，那位戴眼镜的八路军喊："老乡你先过吧！"谦让之后，吕英来连忙牵驴先走过去，戴眼镜的八路军边笑边说："你牵着牲口，我们应该给你让路啊！"吕英来愣在路边，望着他们的背影不知该说什么。十几天后，副村长吕让告诉吕英来："那位戴眼镜的就是大名鼎鼎的刘伯承师长啊！"吕英来听后吓了一跳，激动得嘴里反复念叨着："八路军是好人，真是咱们老百姓的队伍，多打胜仗吧！"

旧居门前石碾忙

一二九师政委邓小平旧居大门外西侧的两方石碾和一副磨盘，有百年历史。石碾和磨盘安置在村中央，是当时全村人赖以生存的工具。家家户户轮流排队碾米磨面，还经常有人连夜挑灯加班。每天吆喝毛驴声和人们说笑声连成一片，成为村里一景。

1938年2月，八路军一二九师指挥所驻在吕家时，这里发生了变化，有人怕影响八路军工作，也有人看见大院房顶和门口都有战士持枪站岗放哨，就不敢去了。这可急坏了村里的王苟妮大娘，她家里都是带皮的粮食，实在没米下锅了。没办法，王大娘只好牵着

↓ 邓小平旧居门前的石碾

毛驴驮着谷子到石碾上碾米，她一边吆喝着毛驴，一边低头不停地搅匀碾盘上的谷粒。这时大院里不断传出一阵阵急促的电话铃声，并伴随着通信战士接打电话的声音。那个年代的村里没人见过电话机，更没有听到过电话机的铃声，王大娘听着电话铃声怪怪的，心里就发慌，心想部队的东西肯定厉害，会不会爆炸？她越想越害怕，于是赶紧停碾卸驴仓皇离去。王大娘回家后又对家人和周边四邻诉说，结果大家更都不敢去了。这时候，明察秋毫的邓小平政委看到冷清的碾盘，意识到肯定有原因，就马上派通信员陪副村长吕让找到王大娘了解情况。等他们回来汇报原委时，几位小战士听了都忍不住捂嘴笑，邓政委却非常严肃地说："群众事情无小事啊！不碾米老乡吃什么？"他连忙派通信兵抱着一台电话机，由副村长吕让带领来到王大娘家解释情况。

↑ 指挥所驻地大院

　　王大娘听了通信战士的耐心解释，明白电话机只是通话，不会爆炸，才放心地牵着毛驴驮着谷子，又回来继续碾米。其他人看到王大娘很安全，也陆续加入碾米磨面的行列，两方石碾和一副磨盘又重新开始转动，吆喝毛驴声和人们的说笑声又恢复了往日的景象。邓政委站在大门外，脸上露出了欣慰的笑容。

传奇红嫂救伤员

八路军一二九师指挥所，位于吕家村的一座石头四合院。这座院子的女主人尹金娥，是村民吕三奎的爱人。她19岁守寡，无儿无女，与公婆等一大家人生活在一起。她勤俭持家，因做事细致且威信高，被推举为全家管事。

↑ 长生口伏击战指挥所大院

尹金娥沉默寡言，性格善良，深明大义。在抗战艰难的岁月里，她把一名受伤的战士隐藏在西侧院救助。家中生活清苦，她宁可和全家吃糠咽菜，也把粮食省给伤员。她用白酒代替碘酒为伤员清洗伤口，让侄子上山采草药熬制外用，精心护理一个多月，受伤的战士才得以痊愈。战士临行前，她又备好衣服、干粮和水罐，凑了大洋做路费，连夜送战士出村。那战士没有辜负尹金娥的救助，南征北战多次立功，因为作战勇敢被提升为军官。新中国成立后，这位战士曾千里迢迢故地重游吕家村，登门感谢救命恩人，一进门就热泪横流，长跪不起，连呼"恩人"。

尹金娥一直把这段经历深藏在心底，是那位战士向村人问路，并诉说事件的经过才让村民知道，原来性格内向的弱女子，也会做出这么惊天动地的大事！大家都夸尹金娥为吕家村争了光。这段真实的传奇，被吕家人代代传颂。

吕家人不会忘记

吕家村庄虽小,却不乏爱国志士,在抗日战争以及解放战争时期,全村自愿报名参军的青壮年就有33人,其中14人英勇献身。为使后人不忘他们的功勋,吕家人特在村口建了烈士纪念碑亭,以作纪念。

吕成高,共产党员,1937年参加县游击队,任太行独立旅三十九团二营营长,1947年2月3日在汤阴县塔庄村战役中牺牲,时年32岁。

吕永堂,共产党员,1944年参军,任十六团二营四连排长,1948年5月24日在山西省临汾战役中牺牲,时年22岁。

吕梦贵(吕保锤),共产党员,1945年参军,任三十团班长,1947年3月27日牺牲,时年29岁。

吕反锁,共产党员,1945年参军,任三十五团班长,1947年10月22日在元氏战役中牺牲,时年20岁。

吕捧会,1945年参军,任二野三纵九旅二十六团二营一连班长,1947年12月在山东省经乡县战役中牺牲,时年23岁。

吕梦清(吕狗拌),1946年参军,任班长,1947年11月5日在元氏战役中牺牲,时

↑ 烈士纪念碑

烈士纪念碑亭

年20岁。

吕保干，1945年参军，1947年在元氏战役中牺牲，时年22岁。

吕黑小，1945年参军，太行分区司令部侦察连战士，1946年牺牲，时年24岁。

吕全会，1938年参军，三八五旅战士，1940年牺牲，时年21岁。

吕半维，1945年参加路北八路军，1946年牺牲，时年23岁。

吕七子，1945年参加路北八路军，1946年牺牲，时年25岁。

吕赵保，1947年参军，1948年在安徽省阜阳战役中牺牲，时年21岁。

吕秀中（吕汉生），1947年参加路北八路军，1947年牺牲，时年29岁。

吕尚谦，1947年参军，1951年在抗美援朝战役中牺牲，时年26岁。

吕家村自然风光秀丽，山高林密，野生动植物资源丰富，野生药材遍布山野，野菜储量丰富。在自给自足的农耕时代，吕家人自力更生、丰衣足食。山林土地即是财富，大块地用来种粮食，坡坡岭岭、边边角角用来种植油料、豆类等经济作物，特别是花椒，晒干后的花椒用来换钱，花椒籽用来榨油……仅榨油一项，村里不但有碾坊、榨油坊等一系列完备的设施，同时还具备一套完整的制作技艺。

↓ 捡花椒

中国历史文化名村
河北吕家

第四章
技艺独特物产丰

↓ 耕地

木架加楔榨油坊

吕家村的吕氏木架加楔式榨油坊在当地很有名气，它始建于清乾隆五十年（1785），历经两百余年，设备至今仍保存完好。2015年，吕氏古法榨油技艺被列入石家庄市第六批非物质文化遗产名录。

榨油坊

榨油坊在村内三眼顺石窑洞的老屋里，一座放着用来压榨原材料的碾子，一座是用来蒸原材料的炉火锅和工作的平台，一座是榨油最后的操作间。整座榨油坊的墙上、锅台上、案板上、碾子上、木榨上、木架上都已经乌亮乌亮的，在诉说着这座油坊的悠久历史。据老人讲，木架加楔式榨油坊是吕联第的五个儿子在沿用杠杆原理和古老技艺的基础上，又加以改良，通过利用木楔的薄厚差距来调整压力的大小，从而使这一技艺省时省力，更加完善。

榨油程序

本地称榨油为压油，此油架为单杠式榨油。清朝中期开始榨油，一直沿用至今。这种古老的榨油工具和方法，看上去很简单，而操作起来是很细致、很科学的。其压榨程序，从最初的原材料晾晒、除杂筛选，然后炒制，用石碾将原材料研磨成粉状，到上蒸锅蒸煮、出锅，再到捆绑成型（坨）、下槽压榨，直至最终出油、沉淀，都要熟记在心。经过长期反复应用中研究探索，制作技艺在清末已趋于成熟，民国时期达到鼎盛，并一直沿用至今。

榨油工艺

榨油工艺特别繁杂。榨油的原材料经过筛选、晾晒，再放到锅中炒制。等锅中爆发出噼里啪啦的声响，散发出香味，渐渐弥漫整个窑洞后，将炒好的原材料倒入蓄力拉动的碾槽内。蒙着双眼的牲畜，不停地转动碾槽里的石碾。利用石碾将原材料研磨成细末后，支起一口直径为1.5米的大铁锅，师傅们给锅中注入水，点燃炉火，将磨碎的原材料放入锅中开始蒸，大约一个半小时，形成油胚，锅内上升弥漫的蒸汽在整个油坊里蔓延。估计火候到了，师傅用铲子铲出一点油胚，用手捻开查看，确定油胚完全熟透后起锅。两个人开始忙活，一个人执铁锨将油胚铲出，另一个人备好油圈（铁圈）和麻皮，准备"包坨"，一层层"包坨"裹好，再用木槌砸实，然后两个人合力托起油坨，放进油架下用石头砌成的"悬空"基座上石盘中，压上木块，加有一定斜度的"加强楔"，用一个碗口粗的铁锤敲打木楔子，再用更大的铁锤，在两人铿锵的号子声中，霹雳一声，似虎啸，如雷鸣，瞬间撞向"加强楔"。"加强楔"立马穿进油架一大截，在无数次这样的虎啸雷鸣声中，"加强楔"添加的越来越多，挤压力越来越强，在这种巨大压力的撞击下，装有油胚的铁环也被撞击得越来越短，油胚被挤得越来越薄，一股金黄透亮的油，慢慢地从一圈一圈油坨麻皮间渗出，淅淅沥沥地流进了油蹬下面的油缸中。

碾碎的油籽成了一坨,放在盆里备用

开始包坨

抡锤加楔榨油忙

两人抡大锤同时往两边用力加楔,挤紧大梁,用大梁的压力压油

碾油籽用驴子推磨

上坨

安好大梁

"油品"即是"人品"

这种纯手工制作出来的油卫生干净，纯绿色，无污染，味道香。因为里面凝聚了祖辈人的无限智慧，所以油坊百年传承，声名远扬。北至梁家、板桥，南至固兰、汪里，东至障城、梅庄，西至平定、旧关，方圆数十里的百姓人担着、牲口驮着可以榨油的原材料，如花椒籽、大豆、椿树籽、芝麻、菜籽、核桃仁、棉籽、小麻籽、黄连籽、蓖麻籽等前来榨油，一年四季络绎不绝。这里过去榨油，从来不收榨油费，只是留取出尽油后的油料渣子（俗称油坨）作为报酬，然后再将油料渣了大部分卖给毛毡厂作擀毡子的添加料，留一小部分用于种地施肥。无论为谁榨油，从不克扣，必当着主家的面清油底，几十年如一日，童叟无欺。

技艺传承

榨油坊祖传五代，最末一代继承人是吕嘉祥。新中国成立后，油坊收归集体所有，由各生产队派专人来榨油。随着岁月流淌，时代发展，由于古法榨油古老原始、工序繁杂，耗费大量的人力，成本较高，而且榨油是个重体力活，年轻人都不愿意干，所以现在机器榨油已经逐渐取代了手工榨油。为防止这项手艺失传，现在的传承人吕义青、吕玉华仍保持着这门技艺，并让年轻人体验参与，使之发扬光大。

以农为本收获丰

吕家村自古以农为本，至今仍保留着这些传统的生产方式而形成的各种景观，特别是农业景观，包括农作物、农田耕种、羊肠山路等特色鲜明。吕家村地势起伏较大，因此到处可见层层叠叠的梯田（这里称作"干磉石"，外围用小石块筑起，是一种不用泥料的垒墙方式），很是壮观。

村民种植的主要农作物有玉米、谷子、豆类、红薯等。近年来，也有村民开始种植油葵、花生等经济油料作物。本地的主要经济林木有花椒树、柿子树、苹果树、黑枣树、核桃树、梨树等，特别是花椒和柿子产量大、品质优。村里还有笨鸡蛋、蜂蜜等农副产品，每年都吸引众多游客前来选购和品尝。

玉米

玉米是村里种植最多的农作物。一般是种植一季，谷雨过后，根据下雨情况点种，"有钱难买五月旱，六月连阴吃饱饭"，为保证禾苗茁壮，一般都会推后种植；如果是种植两季，则在割完麦子后抢种，这样才能保证在秋天早点成熟，不然秋天逐渐转冷，玉米成熟不

↑ 收获的玉米

↑ 石头碾子碾出的玉米面最有味儿

了，还会耽误小麦播种。现在村里劳力少，小麦也就不种了，一年只收一季，以玉米为主。玉米的生长有两个施肥期，一是齐腰高（约1米）的时候，二是吐须的时候，这两个时期施肥能保证庄稼成熟。玉米在秋天收获，放在房顶或晒场上晾晒。

谷子

除了玉米，谷子也是山地普遍种植的，种植面积占村里土地大约三分之一。"立夏老植谷"，立夏必须得种上。长出的谷苗，要间隔一寸，因此间苗是件费功夫活儿，很长时间也间不了多少。谷子在秋分后寒露前成熟，把成熟的谷穗掐下来，在晒场上晾晒打场。

豆类

现在以黄豆为主，以前有绿豆、黑豆、豇豆、红小豆等多种豆类。黄豆分两季播种，现在多种一季，以夏播为主。豆苗需要锄草两次，一次是小苗时，一次是植株盖住地面时。豆子在秋分前后收获。一般植株在地里落叶后被割回来晾晒在场上，晒干后牲口拉着碌碡碾压，打出豆子。

红薯

当地人称红薯为山药。山药是当地人的主要食品之一，一般熬制咸饭用，或者直接蒸或煮。山药要早种晚收，最晚也要在立夏前栽种完成，一直长到寒露或霜降的时候刨山药。山药储存比较讲究，以前各家各户房子少，家里无法放置，都在地里打窖存放。吃不完的山药，还可以做成粉条。

南瓜

南瓜一般种在房前屋后或者地边。"瓜菜半年粮"，南瓜跟红薯一样也是熬制咸饭的必备食材。吕家栽南瓜的历史较长，直到现在仍然栽种。"谷雨前后，种瓜点豆"，当地人一般在谷雨前种南瓜。南瓜的栽种需要催芽，即备好的种子提前用水泡制，出芽后再栽种。南瓜主要用底肥，种出来的瓜秧长大后需要修整，才能真正"种瓜得瓜"。南瓜的存放相对容易些，不怕热也不太怕冷，还不怕风吹，放在住人的屋里就行，一般都能吃一个冬天，也有人家将南瓜切成条或片晾成瓜干，更加利于存放。

↑ 晾晒南瓜干

连翘

连翘栽植历史悠久。目前野生连翘的分布主要在井陉西部山区，吕家亦是重要产地。每到春天，连翘花金黄遍野，明快清新。连翘的药用主要在"壳"，分为"青壳"和"老壳"，部分村民每年夏季以捋野生连翘壳子为业。连翘的叶、花、嫩芽均可加工成茶叶饮

连翘籽青壳

采摘下来的连翘籽青壳

连翘花饼

连翘花和张口的老壳

连翘茶制作

连翘花开

↑ 花椒

用，具有清热去火、防病保健的独特作用，本地都有生产。连翘根系发达，具有耐寒、耐旱、耐瘠薄、易萌发和生命力强等生物学特性，有较强的固土保水能力，是国家推荐的退耕还林优良生态树种和防止水土流失的最佳经济作物。

花椒

花椒是吕家村的常见树种，村里的岗坡次地都有栽种。花椒在吕家种植年代久远，有的已经老态龙钟了，主干比一般成年人的胳膊还粗。花椒很适应当地生长环境，再干旱的年景，它也会开出小小的绿花，结小小的果实，果实由绿变红，到了农历七月，就成熟了，一簇簇红色的花椒耐心地等人来摘。摘花椒可不是一件容易的事情，费时费力，还容易扎到手。所以，花椒的价格一直不低。用花椒籽榨的油，富含人体不能合成的必需脂肪酸，是一种食用价值较高的植物油。

↑ 摘花椒

柿子

以前村里有很多柿子树，年景好的

↑ 山柿

时候产量可达5万斤，年景不好的时候也能有1万多斤，特别是20世纪80年代，成熟的柿子做成柿饼外卖，每斤2元，可算是村集体一笔不小的收入。

苹果

村里种植的主要是本地苹果，数量不多，供当地人食用，少有外卖。

↑ 苹果

沙果

沙果又叫花红果，形状像是小版的苹果，成熟了的果实又面又沙，深得老人和孩子们的喜爱。

↑ 蟠桃

桃

村里种植的有夏桃和秋桃。夏桃个大、颜色漂亮，汁多肉厚，甜软可口。秋桃个小、色绿，脆而不硬。近年又有嫁接蟠桃的，圆圆扁扁的，粉里透红，煞是可爱。

↑ 夏桃

物产资源满山林

吕家村地处深山区，有着丰富的物产资源。过去老百姓以粗粮和野菜维持生计，如今生活富裕了，尤其是乡村旅游业的兴起和民宿的建立，野菜野果等成了餐桌上的美味。

↑ 落藜菜

野菜类

落藜菜 又叫灰藜菜，生于田间、道边土层比较肥沃的地方，采其嫩叶焯水后，可加入面粉，做成菜饼、苦累、咸食等，亦可拌凉菜食用。

人青苗 或叫人亲苗，是种野苋菜，广泛生长于田间、道边，叶片较厚，背面有绒毛。采嫩叶焯水后可加入面粉做饼子、苦累、咸食等，也可拌馅儿包饺子、包子、团子等。

面条菜 有的地方叫山扫帚，采嫩叶焯水后食用，可蒸煮菜饼等，亦可凉拌，做成馅儿包饺子、包子等。

蓬蒿菜 有的地方叫猪毛菜，生于田间、地边、道路旁，适应性强，耐干旱。井陉民间有"穷蓬蒿，富落藜，熟了（生长茂盛之意）蒺藜过不得"的谚语，谓蓬蒿长得好是天旱的迹象，一般农作物歉收。采嫩叶可拌凉菜或调挠挠等。

马齿苋 药食两用野菜,夏秋季采挖,用开水焯后凉拌食用。药用性寒、味酸,能清热解毒,对预防肠炎、痢疾有一定作用。痔疮肿痛可煎水熏洗患处。井陉有关于食用马齿苋的歌谣:红疙瘩儿红,白疙瘩儿白,我上罗庄叫姐姐,姐姐想吃马食菜。哪儿剜?道儿上剜。哪儿晒?墙头上晒,一晒晒了个黄奶奶。

拉拉菜 即荠菜,初春多生于麦田中,春末夏初长出约20厘米的矮茎,开蓝紫色小花,叶片似柳叶,但有锯齿状浅裂,叶面光滑鲜嫩。采嫩叶洗净,可当菜蔬食用,摊咸食、做包子馅儿、做菜饭都很好吃。

燕儿衣 即苦菜,井陉农村的田间、地堾、山坡、草坪到处都有分布。春夏之季采挖,洗净后用开水焯去苦涩味,可以蒸菜饼子、蒸苦累等。

白蒿头 即茵陈,是熏蚊子用的草本植物黑蒿幼苗,是药食两用野菜。农谚云:"二月茵陈三月蒿,四月五月当柴烧。"农历三月以后长出枝条和针状细叶,初秋结籽,芟割之后编成蒿绳,晾干点燃后可熏蚊虫。药用茵陈性微寒,味苦辛,能清湿热、退黄,对治疗黄疸型或无黄疸型传染性肝炎、小便少、尿色深黄有功效。清明节前后采挖鲜嫩的白蒿头,清除杂质后清洗干净,可蒸苦累、调挠挠食用,也可以摊咸食、蒸菜饼子等。

青衣菜 又名刺儿菜,药名小蓟,有清热、凉血、止血的作用。如在田间劳动不慎割破皮肤出血,用鲜青衣菜叶子挤汁滴在伤口上,可以很快止血。旧时贫苦人家春夏季采挖,做菜饭、蒸菜饼子、蒸苦累等。

箭头草 也叫豆豆苗,药用名紫花地丁。叶片细长,尾部略阔，呈箭头形，故名。药用有清热消炎作用。春夏采用嫩叶，可拌凉菜、蒸菜饼子、蒸苦累等。

扫帚苗 即旧时农村常用来扫街道、场地用的"草扫帚"的幼苗，田间地边亦有野生。采幼苗洗净焯水后，蒸菜饼子、蒸苦累、做包子馅儿等都很好吃。

妈妈糖 即蒲公英，药食两用野菜，茎叶中含有丰富的乳状汁液。采嫩叶洗净后，蘸黄豆酱生吃可以佐餐；焯水后可做菜饭、蒸菜饼子等；鲜用或晾干可泡茶水喝，有清热消炎作用。

↑ 扫帚苗

鸦葱 清明节前后即开始生长，叶细长，直立茎顶端开菊花状花序，黄色。花苞内生白色丝绒状花絮，成熟后随风飞散。茎叶含白乳状汁液，生食之微甜，可做野菜蒸煮食品食用。鸦葱还是民间常用的清热解毒类中药材。

树叶类

大杨树叶 叶片较厚，叶脉粗硬，味道苦涩。过去困难时期，人们采摘大杨树叶后洗净，浸泡十天半月脱涩，切成碎片，掺上糠面和少量高粱面、玉米面，蒸煮成糠菜饼或调挠挠、蒸苦累，以充饥果腹。

杨絮 即大杨树的花絮，在清明节前先于杨树叶子长出，采集后脱去褐色花冠，将黄色花絮洗净后浸泡去除苦味，然后切碎，蒸菜饼或蒸苦累食用。

小杨树叶 井陉民间俗称"青杨树"，较大杨树叶片小且薄，食用方法同大杨树叶，但苦涩之味较小。

柳树叶 即本地柳树及垂杨柳的叶子，采摘之后浸泡，食用方法与杨树叶相同。

柳絮 是与柳树叶同时生长的黄绿色花絮，取早春长出来的嫩絮洗净浸泡后食用，吃法与柳树叶相同。现代人也有采柳絮食用以调剂口味的习惯。

椿树叶 白皮椿树的叶子可食，黑皮的臭椿叶苦涩味重且食用后容易肿脸。椿树叶需较长时间浸泡去除苦味，食用方法与杨树叶相同。

香椿叶 早春的香椿叶子是较好的调味品，夏季之后的大叶子可做野菜食用。但香椿叶子性温，多食易上火。

榆钱 清明节前后榆树上长出的嫩翅果，立夏时节翅果成熟变干随风飘落。采集嫩翅果洗净即可配合调挠挠、蒸苦累，绵软黏糯，口感很好。过去困难时期榆钱是充饥代食品，现代人采摘多作为调剂生活的稀缺野菜。

榆树叶 榆树叶在榆钱即将成熟时长出，秋末冬初落叶。井陉民间谜语云："姐妹二人一个娘，一个圆来一个长，一个死到春三月，一个死到秋风凉。"谜底就是榆钱和榆树叶。采嫩榆树叶子洗净配面粉，蒸干粮、蒸苦累，味道都不错。

榆树皮和根皮 过去生活困难时期，村民剥取榆树皮和根皮，晒干后砸烂，用碾子碾成细面，掺在糠面、高粱面、豆面、山药面等黏度低的面粉里起黏合作用。因其黏腻影响消化，食用后易引起胃肠道消化系统疾病，现在已很少食用。

笨槐树叶 即国槐树的叶子。采集鲜嫩的树叶，洗净焯水后切成细丝或碎片，掺入面粉中，可蒸菜饼子、调挠挠、蒸苦累、摊咸食等，味道不错。现在还有不少人采集食用。

槐隆冬 又名槐啦冬，即国槐的种子槐角。采集后用清水浸泡脱皮，将槐豆晾干煮熟，可以凉拌食用，也可以磨成面粉掺入玉米面、高粱面中做成窝窝、饼子等。

洋槐树叶 洋槐也叫刺槐，叶子黄绿薄嫩，富含淀粉。初春采集鲜叶子洗净，掺入面粉，可以做成菜饼子、挠挠、苦累、咸食等，软糯可口。洋槐树叶在旧时度荒充饥中发挥了很大作用，现在仍然有人采摘。20世纪70年代，洋槐树叶曾经由商业部门收购干品出口换汇，是高蛋白饲料。

洋槐花 即刺槐的唇状花序，5月初开花，味道芬芳诱人，是酿制槐花蜂蜜的好花源。在花蕾初绽时采集，可蒸菜饼子、调挠挠、蒸苦累，味道鲜美。

杏树叶 当地生长的甜杏、苦杏、山杏树的叶子都可以食用，洗净焯水之后，将叶子切碎即可掺入面粉中，做成菜饼子、苦累等食用。

花椒树叶 取新生的花椒嫩叶，掺入白面、玉米面等可以摊成咸食。也有用花椒叶子裹上粉芡、鸡蛋制作"软炸花椒叶"的，花椒的麻辣香味浓郁，沁人心脾。

核桃树花絮 即核桃树结果前开的花絮，圆柱状，浅绿色。初春花蕾初现时采用，可以调挠挠、蒸苦累食用。

柿子树叶　采春末夏初的嫩叶洗净，清水浸泡脱去酸涩味，焯水后，掺入面粉，可以蒸菜饼子、调挠挠、蒸苦累等。

狗蹄子叶　叶片类似连翘而稍大，叶面光滑鲜嫩，其枝条呈浓绿色，灌木丛生。采嫩叶焯水后蒸菜饼子、蒸苦累都很好吃。

黑汗叶　也称黑喊叶，广泛生长于偏阴的山坡、地堰上，生命力旺盛，孳生力强。采集嫩叶焯水浸泡去除苦涩味，蒸菜饼子、蒸苦累、摊咸食都很好吃。旧时井陉人食用很普遍，现在仍有不少人采食。

杨桃叶　又称洋桃叶，其根入药，名五加皮。叶片像桃树叶而厚，茎叶有白色黏液，多生长在较向阳的山坡、地堰沿上。采集后用水煮浸泡，掺入面粉，可蒸菜饼子、蒸苦累等。

野果类

桑葚　旧时井陉农村妇女有养蚕的习惯，但饲养量不大，村中及野外有不少桑树。芒种前后桑葚成熟，结红黑色浆果，人们采摘后食用。桑葚是药食同源的野果，可炼制桑葚蜜、桑葚膏，但井陉人自采作药用的较少。

酸枣　井陉域内山坡、地堰生长普遍，是药食同源野果，果核仁是中药材，熟枣仁养心安神。果肉可生食，亦可晒干储藏。果实较大者味甜微酸，鲜美可口，宜于生食；较小者酸味浓，多食牙痒，宜晒干后碾成粉食用。

欧李　偏于背阴的地堰生长较多，小者

↑ 酸枣

酸涩，大者酸甜适口。果核仁可做药用，称"郁李仁"，其性平，味苦，有润肺滑肠、下气利水的功效。

山葡萄 植株类似葡萄，匍匐生长于山间、地边，或攀缘在灌木之上。果实较小，有大小两种，小者为橘红色，味酸苦；大者呈枣红色，味甜微苦，可食用。

山丹花 也叫野百合，夏秋开花，红色，长瓣五裂，鳞状根茎，类似百合，故名。根茎鲜食苦涩有小毒，脱毒后的鳞片可以少量食用，食用量大容易中毒。

皮片籽 又名野皂角，其外观如白扁豆，又类似皂角，故名。剥去外皮，获取形状扁圆如西药片的种子，井陉人俗称"皮片籽"。种子分三层：外皮黄绿色，像药片外的糖衣；中层为乳白色的营养苞片，包在内层子叶的外面；内层的两片子叶中间有细小的叶芽。乳白色的苞片可以生吃，绵软黏腻。将整粒种子晒干，加入适量的玉米、谷子、高粱等混合磨成面粉，蒸饼子、蒸苦累等，入口有微香。

↑ 野皂角

野菌类

蘑菇 井陉人俗称"毛菇"。井陉境内天然生长的蘑菇种类不少，但能够食用的不多。一种个头较大，顶部呈暗灰白色，肉质肥厚，可以食用；其余颜色鲜艳、肉质很薄的，老百姓戏称为"狗尿苔"，都有毒性，不能食用。20世纪80年代以后，威州、小作、障城等乡镇出现了不少养蘑菇个体户,生产平菇、白蘑菇、香菇等供应市场。

马皮泡 即马勃,为药食同源菌类,井陉人俗称"猴头菇"。一般在阴雨连绵的伏天生长在山坡草丛中,鲜品为白色,采集后配蔬菜炒菜食用,亦可调制汤羹,味道鲜美。成熟后变为褐色,外皮薄脆,内部长有极细的孢子粉,外用止血效果很好。

地曲莲 也叫地皮菜、地耳等,是阴雨天地面长出的黄褐色地耳菌,形状类似于黑木耳。人们捡拾回家,去除泥沙杂质,漂洗干净,凉拌、炒菜、做汤均很鲜美可口。

枣肉 是一种生长在枣树、梨树、柿子树等枝干上的食用菌,表面黄褐色,肉质肥厚,类似灵芝,个头较大,肉质鲜嫩,多日阴雨之后在树木枝干上长出。采摘下来去除杂质洗净,配蔬菜或单独炒食均可。其他树木上也有类似生长,但不宜食用。

↑ 地曲莲

特色小吃有营养

包皮面

过去，老百姓因为经济困顿，舍不得吃纯白面的面条，就变着法儿地节省白面，把粗粮细作，变着法儿吃下去。为了不致太过难以下咽，又不得不通过各种方式改善口感，比如柿子饼、菜饼、炒疙瘩饼、银裹金馒头、两合面馒头等。阴差阳错中，创造了很多的特色美食，既新颖别致，又保持了营养均衡。经过时间沉淀，这些特色食品成为现代社会的健康食品了。

↑ 夹心面条酸菜卤

吕家村包皮面是井陉传统地方特色小吃的一种。这种面条上下两层为白色，中间为褐色，所以又称为"夹心面条"。

包皮面的主要原料就是2∶1的白面和红薯面（本地叫山药面）。做法是将和好的白面团分成两份，分别擀成两个面饼；将和好的红薯面团也擀成面饼。然后将红薯面饼夹在两个白面饼中，再次擀面，均匀擀好后，切成面条，这样的面条就是三层的夹心面了，当地叫作包皮面。

煎饼

煎饼历史悠久，闻名遐迩，这与井陉的地理环境有关。因井陉地处太行山东麓，多为山区，素有"七山二水一田"之称。又因土地贫瘠、多旱少雨之故，历代人民多以种植杂粮为生。为了改善生活质量，聪明的井陉人发明了粗粮细作的小吃——煎饼。把玉米、小麦、豆类用水浸泡12小时后，用小搬磨人工磨成糊状，放入花椒、食盐等调料，再用专门的煎饼鏊子进行摊制而成。煎饼美味可口、营养丰富、食用方便、宜于存放，是当地老少皆宜的美食。

↑ 摊煎饼

抿须儿

抿须儿是井陉地区一道家常的主食，类似面条，但是形状有很大的差异。抿须儿有白面的，有豆面的，有荞麦面的，也有山药面的，等等。在一个大的铁锅上面放一个白铁皮做成的箅子，箅子上有很多绿豆大小的孔。面和好后放到箅子上面，手里拿一个类似扁锄头的东西，把面在箅子上面捻。面就顺着小孔漏到下面开水锅里。煮熟后，往上面浇些卤，有肉的，也有素的。抿须儿非常筋道，而且都是用粗粮杂面做的，不但味道好吃，营养也非常丰富。

↑ 抿须儿

苦累

苦累又叫忆苦菜。从前，粮食不够吃的时候，人们就按季节

↑ 苦累

采些榆钱、槐花、野菜之类的，与家里的面食拌在一起，蒸出来既是饭又是菜。苦累有两种吃法：一种是蒸出来趁热蘸着调料吃；另一种是用蒜片炒，喜欢吃辣一点的，还可以用葱花炝锅，再加点干辣椒。以前做苦累，玉米面加上野菜、榆钱的多，现在土豆、豆角、茄子等都可以蒸来吃，时令的蔬菜就地取材，既方便又可口。

挠挠

水开后，先放菜叶、盐，再把干玉米面撒在滚开的菜叶上，一边撒一边顺时针搅成糊状，所以也叫调挠挠。这个过程特别讲究技术和火候，撒快了就会成面疙瘩，撒慢了、搅慢了又会糊锅。这种方法做出来的挠挠，比苦累口感软嫩。过去人们穷，缺粮食，这种做法既当饭又有菜，营养均衡，易于消化，老幼皆宜。

年糕

逢年过节、结婚办喜事等，吕家村每家每户都有做年糕的传统习俗。把黍米、玉米按一定比例掺和，用石碾碾成面粉，加红枣，用锅蒸熟，出锅切块即可食用。

↑ 刚出锅的黄米年糕

扒糕

把荞麦去皮碾成面粉,打成糊状,用锅加火熬制熟后,盛在盘里、碗里,放凉后食用。

疙瘩饼

把玉米放在锅里煮至七八分熟,捞出后用石碾碾成面,再加适量水捏成疙瘩饼,在咸饭(井陉当地的一种稀饭)锅里煮熟食用,香甜可口。

山药面饸饹

把山药面(红薯面)和白面加水捏成饼,放锅里蒸熟,用专用工具木制饸饹床,压出圆条状的面条。可以用酸菜作卤,美味可口。

咸食

把小麦粉加适量水,放花椒叶、葱等时令蔬菜的绿叶,调成稀稠适中的面糊,再用专门的薄鏊子摊制而成,香软可口,老少皆宜。

↑ 咸食

花饼

这是一种做法和咸食相近的饼,但食材中不放菜叶,面糊由白面和玉米面再加少许白糖配制而成,需发酵后才能摊制。出锅后的花饼色泽金黄,蓬松软糯,掰开则成蜂窝状,也是老少皆宜的食品。

吕家土菜——凉拌马齿苋

吕家土菜——瓜尖搅搅

瓜丝肉馅

吕家土菜——烤土鸡

吕家土菜——金玉满堂

吕家土菜——连中三元

吕家土菜——山菌鱼

花饼

吕家土菜——我自清白

春节是中国人最重视的节日，也是仪式感最强的节日，吕家村也不例外。除了春节，在每一个极具仪式感的节日，吕家村都保留着自己独特的习俗。重大节日及庙会期间，唱戏是最大的文化活动，除此之外，村里人还有打扇鼓、踩高跷、耍社火等表演。尤其是社火，本族人有专门的场所来教授族中弟子习武。另外，每逢节日，也会有本族在他村居住或者搬迁出去的人们回来助兴演出，比如障城的社火、流沙硼的跑灯等，都是过去有名的。

↓ 井陉晋剧

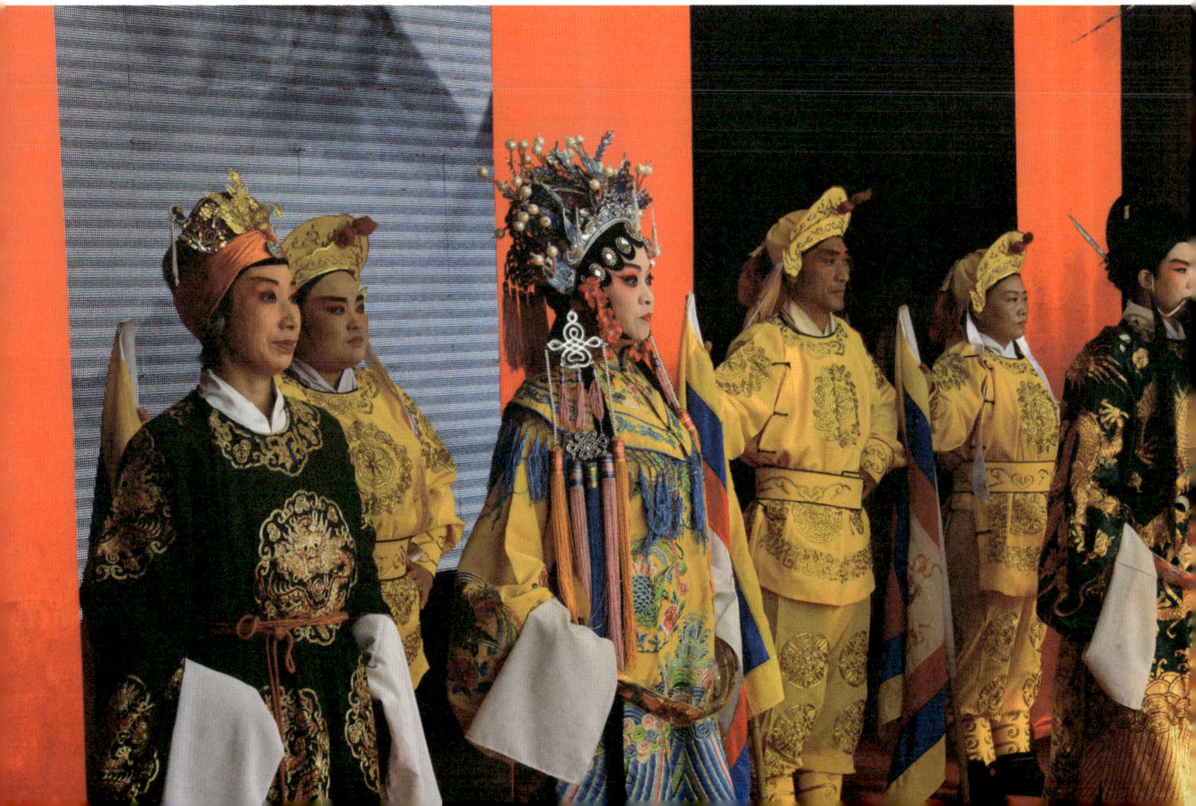

中国历史文化名村
河北吕家

第五章
民俗民艺传承久

↓ 面供和面花

节日习俗世代传

春节拜年习俗

每年大年初一清早，结婚成家的男子先去家谱庙给祖宗上香，然后再去给长辈磕头。一般情况下，同一辈分的晚辈会一起到长辈家中磕头。磕头要见到本人，当面叫响，当人磕头。没有成家的小孩子们在这个时间也会跟着拜年的队伍各家各户串门，目的是讨到好吃的，有时候还会得到压岁钱，压岁钱对于一个孩子来说无疑是最大的奖赏。这是一年中最喜庆、最热闹的时刻，各家长辈都会拿出各种好吃的招待大家，有腊月赶集买来的糖果，更有自家炒制的花生、瓜子，以及自己做的一些小面点。每一个人的行为、表情、语言，在这个时候都是最和善的，没有训斥，没有批评，没有不屑。这一天每个孩子都是彻底放松地拜年，可谓一年中最开心、最快乐的时刻，孩子们都会盼着过年。

大年初一早上，刚过门的新媳妇由长辈带领先去家谱庙上香，然后再去各户磕头。长辈们都会备好喜钱等新媳妇来，同一辈分的长辈都会根据新媳妇的亲疏远近来确定喜钱的多少，旁系的要比直系的少一些，从来不会乱，这是约定俗成的规矩。

除了拜年，正月里各家各户还要请当年过门的新媳妇吃饭，其目的在于让新媳妇认门，也是为了联络和增进感情。这一天，新媳妇早早起来梳洗打扮，穿上最漂亮的新衣服（一般是结婚时的衣服，平时舍不得穿），以最好的形象展示给大家，同时举手投足都要得体大方，得到长辈们的夸赞，这既是给婆家争脸，也是一个女人除了结婚那天最受家族宠爱的一天，更是成长的重要经历。过了这个正月，一个新媳妇就要跟丈夫一起担当起家庭的责任，敬老爱幼，相夫教子，织布种田。

填仓节

正月二十五为填仓节，传说是仓神的生日，这是中国民间一个象征新年五谷丰登的节日。"填仓节"因"填"与"天"谐音，亦称为"天仓节"。吕家人这一天要烤天仓火，就是将修剪下来的柏树枝点燃，人们围着火转圈。传说这样可以祛百病，以此来祈求健康平安。

二月二

"二月二，龙抬头"，很多地方吃龙须面，但吕家村的习俗是二月二摊煎饼、炒茶面。摊煎饼的做法前文已有介绍。炒茶面，其实就是把白面和米面掺在一起放在锅里炒熟。这是一项技术活：要用铁锅文火慢炒，其间要不停搅动，使面粉均匀受热，待到白面粉（或乳白的二合面）颜色变成焦黄，香味立刻溢出来，弥漫了整个厨房，就赶紧出锅。如果炒过时了或者火太旺，可能会把茶面炒焦。如果不是一边炒一边搅动，面粉就会出现夹生，味道自然会大打折扣：发焦发苦。只要记住小火慢炒、轻搅均匀、焦黄发香，这"茶"就做好了。

清明节

与有些地方清明当天上坟烧纸习俗不同的是，吕家村的习俗是要早一天烧纸，即清明前一天去上坟。每家每户都要去上坟扫墓祭祖，在缅怀先人的同时，祈求祖先保佑。

端午节

五月初五为端午节，吕家村的各家各户要包粽子。吕家是山村，没有芦苇，粽子叶需要专门购买。黄米一般是自家种的，配以当地产的红枣，粽子甜香软糯。

中秋节

八月十五为中秋节。这天晚上，在月亮上来之前，要提前准备上供。秋天是收获的季节，自家的苹果、石榴等水果都会端上来，当然月饼是必不可少的。过去一般都自己做月饼，现在都买现成的。这一天也是孩子们快乐的节日，因为家家户户都有供品吃，所以大家对这个节日都很期待。

↓ 月饼

婚俗仪式不可少

议婚

婚事的第一步，常常会根据男女双方的属相而定。经过议婚，男女双方均无异议，便由男女双方长辈或媒人各具子女的庚帖，即生辰八字对合，称作"合婚"。现在自由恋爱较多，双方条件适宜即可谈婚论嫁。

定亲

又称"订婚"，旧称"换帖"。现在执帖订婚的方式逐渐变少。一般选择双月双日，也有图省事选择三、六、九日的。由男女双方近族长辈（叔叔、大伯）和媒人商定儿女婚事。女方置办酒席招待，而酒席的费用一般由男方负担，称为"席钱"。

选吉日

在过去首先选择合婚六吉："猪虎同归秀气藏，牛鼠相遇合天仓，兔狗配合人皆喜，鸡舞龙吟世代昌，蛇遇猿猴成佳偶，羊马并行最为良。"婚期要按女方的属相而定，为了吉利一般尽量选择大利月。例如，"正月七月迎鸡兔，二月八月虎和猴，三月九月蛇共猪，四月十月龙和狗，五月十一月牛和羊，六月腊月鼠与马"。认为不按吉月迎娶就会有不利之事，甚至凶事出现。现在虽没那么多讲究，一般也会看一下日子，图个吉利。

成亲

在此之前男女双方家庭商定好诸多事宜，以及准备结婚的物品，特别是男方要备好喜房，家具、被褥等一应即全，万事俱备，只等娶亲。男方要提前定好喜神方位，供插花馍馍；新媳妇天不亮就准备妥当，拜别祖上及父母，女方送亲；男方则迎娶、进门、跨马鞍、过火盆、射箭、举行婚礼仪式等，其中拜天地、拜父母、夫妻对拜等主要程序缺一不可。

↑ 插花馍馍拜喜神

↓ 娶亲

第五章 民俗民艺传承久

送亲

跨马鞍、过火盆

弓箭供奉天地神龛

射箭

丧葬礼俗显孝道

报丧

吕家村人去世后，先去五道爷庙烧断气纸报到，出丧前每晚12时前去五道爷庙烧纸，去时不能哭，回来的时候哭。

入殓

入殓前，全家每人烧一份纸。入殓时先铺后盖。由人主家（女方娘家）检验是否妥当，由儿子和侄辈们铺，铺的时候由远及近，即先是侄辈，再是儿子。盖是闺女们办的。铺和盖的人数都为单数，人越多越好，表示人丁兴旺和后辈的孝顺。铺的时候，先铺等身布（白布），再撒垫背钱。每次撒垫背钱时，手里要留几个不能撒完，铺的时候要多撒垫背钱。入殓完之后，钉好棺材准备抬走前，帮忙干活的人要烧一份纸表示告知死者将要起棺，收拾利落后，就要抬棺。

抬棺

抬棺时，空棺进家时小头先进，出门时大头先出。一般是8人抬棺，条件好的家庭则是16人抬棺，因为棺材质量好就自然重一些，另外坟地也比较远，所以用人多。一套抬杠和大绳为全村共用，平时在家谱庙放置。

出丧

出大门时，由直系长子长孙"帚大旗"（拿迎风杆）。孙子戴白色孝帽，重孙戴黄色孝帽，曾孙戴红色孝帽，说明人丁兴旺。出丧时，抬棺队伍最前方是放炮、吹唢呐（吹得儿）；之后是顶团圆被（夫妻二人，仍有一人在世时，没有团圆被，若二人都已去世，则后者有其闺女缝制的团圆被）；后面是人主家人（侄男、外女、女婿等）；接着是抬供桌，供桌上有遗像和猪羊等供品；后面是孝子拖灵，在棺材前方有拖灵绳，以棺材为起点，孝子们按亲疏程度依次向前排列，离棺材最近者为长子、次子，孝子们的身份由孝帽后的攥儿来区分：大（正）孝子为儿子，孝帽后有独攥儿，缀着麻头和棉花；二孝子为侄辈，孝帽后有三个圪朵儿，缀着麻头和棉花；后面是棺材，棺材后面是披麻戴孝的女眷，最后是村民护送，敲锣打鼓击镲。

路祭

路祭是返回到棺材前磕头，第一次是人主路祭，之后是女婿、外甥。从起肩开始走四五十米左右进行一次路祭，一直到村口，街坊邻居也进行路祭，孝子向路祭的人磕头还礼。因五道爷管死人存档，所以抬棺时必须路过五道爷庙门口。

下葬

来到墓地，孝子下墓穴验看后，方可将棺柩置入墓穴中。墓穴一般有七八尺深，需用粗麻绳套住棺材，众人上下配合，方可顺利入土。下葬完成后，将引魂幡、花圈插于坟头。孝儿孝女齐跪于坟前，烧化纸钱，叩头四拜，丧事至此结束。

民间庙会花样多

正月初九庙会

正月初九俗称天公生日,即天界最高神祇玉皇大帝的诞辰。传说天公是统领三界内外十方诸神以及人间万灵的最高神,代表至高无上的天。过去在这一天举办庙会,妇女多备清香花烛、斋碗,摆在玉皇庙前的平台上膜拜苍天,求天公赐福。

三月三庙会

传说村西北的三棱垴是三皇姑待过的地方,所以吕家人也过三月三庙会。吕家人这一天先去苍岩山烧香,返回来再过庙闹红火。过去每到这时,村里要唱戏三天,戏园子在现在的观山院,厨房的位置是戏台。唱戏的费用一般都是各户摊钱,村里再出点儿。每逢庙会,要请村外的亲戚来看戏,然后留吃饭。庙会上的待客食品通常为面条、饸饹、抿须儿等面食。

老爷庙庙会

农历五月十三为老爷庙庙会,传说关圣帝君会携带宝刀(誉称"青龙偃月宝刀")降临人间,故这一天也叫"磨刀期"或"关公磨刀日"。关帝磨刀,老天爷要降雨作磨刀水,这雨便叫"磨刀雨",这一天也便叫"雨节"。关帝即三国大将关羽,被尊为"忠义神武灵佑仁勇威显护国保民精诚绥靖翊赞宣德关圣大帝""三界伏魔大帝神威远镇天尊关圣帝君"。老爷庙庙会保留至今。

巧夺天工承佳技

一代一代的吕家人,在长期的生产生活中积累了属于他们自己的手艺,吃穿住用,无所不有。从地里往回收的庄稼,是用荆条编的各种筐篓盛装;去采摘蔬菜瓜果,提着自家编制的篮子;蒸馒头、蒸饺子是用高粱秆做的箅子;台阶上坐着休息时,垫着用玉米皮编的蒲团;鞋垫是自己绣的;过庙会是村民自己蒸的面供;特别是那些门楼影壁,人都会有砖雕、木雕、石雕的花儿,彰显生活的美好。

刺绣

吕家刺绣以生活类为主,都是实用型的。过去村里的绣品多用于小孩儿衣服、肚兜、鞋帽等方面。过年过节的时候,家里有娶媳

↓ 蝶戏牡丹绣品

牡丹花绣品

刺绣鞋垫

小辣椒

布老虎

绣牡丹的大姐

布老虎

布老虎

荷包

妇或者去串亲戚的时候，孩子们花花绿绿地穿戴上，很有仪式感，也彰显母亲的手艺。除此之外，也有巧手的媳妇们绣枕头、绣门帘、绣盖被单等，以此来布置自己的家，使其温馨又漂亮。

吕家刺绣的材料过去以丝线为主，养蚕的人家把蚕茧煮了再进行手工染色，形成各色丝线，再用这丝线绣花，绣出来的物品精致漂亮。可惜现在没有这些材料了，就只能用集市上、商店里买来的彩色绣花线来绣制。

现在绣花的人也少了，主要以绣鞋垫为主。过去的人们都穿千层布底鞋，是不垫鞋垫的，也没有绣鞋垫之说。如今人们讲究，都要垫个鞋垫，特别是新婚的新人更讲究，需要垫黄底的绣花鞋垫，寓意前程似锦、飞黄腾达。可以说传统的刺绣技艺就让小小的鞋垫承载了下来。

吕家刺绣的绣法以平行排列的长针、短针结合为主，比如一朵牡丹花，从花瓣外沿向花心，先绣长针，然后短针压长针，一层一层不同颜色自然过渡，像工笔国画一遍一遍地染色一样，层次感强，富于变化。再用小针走边，美观大方，结实耐用。特别是鞋垫用这种针法，不单是好看，还避免了因反复刷洗而引起的线头外露等问题。

荆编

吕家村的很多生产工具都是荆编的，比如盛东西的箩筐、背东西的挎篓、提东西的篮子、存粮食的囤底等，这些用具家家户户必不可少，结实耐用，一用就是几十年。

荆编，顾名思义就是荆条编制的物品。吕家广阔的山场有很多荆条木，在山地的阳坡一丛丛生长。荆条木耐寒耐旱，生长缓慢，所以它的质地坚密而有韧性，是编筐的好材料。特别是长到直径一厘米左右的荆条，粗细均匀，软硬适中，最适合编筐用。大点儿的器物就用粗点儿的荆条，小点儿的器物就用细点儿的荆条，一般根据器物的大小和所盛物品的重量来选择使用荆条的粗细长短。

荆编是有很多花样的，有的留眼比较大，适合盛大一点儿的东西，不容易漏掉；有的编制要紧密，则是专门盛放一些较为琐碎的东西，包括粮食等。

↑ 荆条编筐

雕刻

吕家建筑以石头为主，个别有砖木结构，无论石头还是砖木，在重点部位或重要位置都会有不同的精雕细刻。雕刻多以吉祥图案或者文字为主，图案有四季花卉、麒麟瑞兽等题材，文字有福禄寿、古诗词等题材。

石雕 主要在各家门楼的迎风石上体现。迎风石在大门两侧对称而立，一般分三部分：底座有仿木的腿的纹样；

↑ 石雕

↑ 石雕

↑ 砖雕

中间是一米左右的直立的长条石，上面有框型的纹样；再往上是扁形石头，上面多为带拉环抽屉形纹样。另外，各家的天地神龛跟主房一起，一般也是石头制作。以新院为例，这个天地神龛的上部是鸱吻龙脊，中间则是宝顶葫芦，上书"民国六年岁次丁巳修建"，葫芦下面是两只小猴手捧寿桃，寿桃下面是供桌，供桌下面是龙纹寿字。仿木椽的屋檐下，左右一对带鼓形柱础的明柱，中间是一整块石头雕成的大门，上面有匾额，上书"大德曰生"。匾框是由万字纹和缠枝莲纹组成，匾额两侧是喜鹊登梅纹样，匾额正下方是云头形大门，大门两侧是雕花对联"天高降百福，地厚纳千祥"，再往底下则是厚重的台基。整个神龛高不足一米，然图案文字布局合理，比例适当，结构严谨，可见其匠心营造。

砖雕 主要在影壁、大门马头、大门屋脊等地方体现。三滴水院的砖雕影壁最为漂亮。影壁墙心用六角雕花砖拼对而成，四个角分别是牡丹、荷花、菊花、蜡梅花砖，代表花开富贵、四季平安。影壁的上方还有镇宅兽，一只狮子前面滚着绣球，背上背着调皮的小狮子，形象逼真，惟妙惟肖。福寿院大门两侧的砖雕也颇为讲究，中心是圆形的祥云瑞兽，上下分别为一组三个菱形雕花，然后是四个角花，周边是绳形纹饰，整个砖雕立体感强，有浮雕效果。

木雕 基本在门窗上体现，特别是有些大门还有门挂和木制屏风。三滴水院的门挂及上方木雕有蝙蝠、梅花鹿、双喜和团寿等图案，象征着福禄寿喜；新院的门挂正中间是万字纹花棂，严谨大方，上方是三朵云头斗拱，托着大门出檐的瓦屋顶，巧妙而美观。

面供

面供也叫面花，一般用在神灵上供和祭祀上供方面。结婚的时候用的馒头上面是要点红点或是戳印红双喜字的；老人去世用的猪羊面供，是用白面做成白白胖胖的"猪"和"羊"，其身上还有面塑花，上面红红绿绿地点了各种彩，特别是表情往往憨憨的，一点儿也不呆板；过年和过庙用的供品以面制果品为多，有寿桃、石榴、苹果等，上面都堆塑着花朵，花朵都被绿叶衬着，甚为好看。

↑ 面供

↑ 面花

黄钟大吕磬留声

如果说建筑是凝固的音乐,那么集民间古建筑于一体的传统村落,特别是以石头为建筑材料的古民居,就是建筑中的黄钟大吕。在吕家村,除了石头古民居,还有一口大钟、一口铁磬,惜钟已不存,而磬则传声山谷。

关帝庙的铁磬

正村口的关帝庙,始建年代不详,最早的重修记载为清康熙三十五年(1696)。庙虽小而因其灵验,方圆百里闻名。原有两棵二人合抱的大柏树、一口大铁钟,都已毁坏,更无证可查。现保存下来的只有一口清乾隆年间的铁磬完好无损。它是山西平定州西白岸村史廷赞敬献的。起因是,史廷赞平日好保镖,一次押运官粮由平定往太原运输,行至寿阳地界遇上了响马夺取官粮。当时史廷赞大呼:"此粮一丢我命休矣,老天爷救命,老天爷救命!"喊了数声,忽然有一员大将骑马闯入,将响马打跑夺回官粮交给史廷赞,并说:"你平日好善,济贫扶危,贼人已遁,速去交差。"史廷赞磕头致谢,并以白银相赠,大将不受,扭头要走,史廷赞便问恩人尊姓大名,大将只说:"我姓关,住井邑吕家村口。"说罢忽然不见。后来史廷赞来井陉访问,吕家人告诉他,此村全部姓吕,无一别姓。史廷赞访不到姓关的,心里闷闷不乐,打算离村而去。走到村口,看到关帝庙,猛然想起大将说住在吕家村口,便想到这定是关帝显灵,于是亲自定铸此磬,并于清乾隆五年(1740)九月献于此庙。以后数载,每逢五月十三，史廷赞总要来此烧香拜圣，述说此事，故流传至今。

铁磬在村史馆保存，高20厘米，直径20厘米，底部有三个圆形孔，铁磬古朴而精美，口沿有一圈圆形铆钉状纹饰，口沿往下是绳状浮雕纹饰，两圈纹饰形成对比，立体感很强。再往下就是铁磬的主体部分。正面书：山西平定州西白岸村，史廷赞关帝庙前施磬一口。背面书：乾隆五年九月吉；此外还有一枝梅花图案。至今文字、图案依然清晰可辨。

↑ 关帝庙铁磬正面

渴不多饮，饥不多吃

从南障城到山西平定的甘桃驿正好四十里地，为四十里甘桃沟，人们又称这条沟为"干草沟"。原来这条沟可不是这样的，常年有水流过，山上一片青葱翠绿，和现在大不相同。相传西汉末年，王莽篡位，刘秀为躲避王莽的追杀，东躲西藏。这天行走到今天的支沙沟沟口处，时值中午，口干舌燥，人困马乏。忽见一条清可见底的小溪，不禁大喜，急跑过去，蹲在地上捧起水就喝。这时，旁边有个老妇人正在洗衣服，见他喝水，就把洗衣服的脏水倒进河里。刘秀一看这心里腾地就火了，责骂老妇说："我不就喝几口水吗？也不用这样啊！你这又不是干草沟！"古代的皇帝那可是金口玉言呀！刘秀这样一句话，就把这条沟封成了"干草沟"。自此，这水也没有了，山也变样了。其实刘秀是误解了老妇人的一番心意，俗话说"渴不多饮，饥不多吃"，老妇人是怕他喝多了水对身体不好，当面说吧，一个陌生人不好意思，所以才有那样的举动，意思是叫他少喝点儿水。可一不小心，却改变了整条山沟的面貌。

盖房大比拼

福寿院家主为把自家光景过大过富，按照风水传说，便在绣楼院门前的红土坪动工盖起了福寿院，并在门前楼房顶的正脊背上塑起了两只头朝向南、展翅欲飞的鸽子，象征自己的家业要向南边好脉息处腾飞旋升，越过越富。而绣楼院的家主看到此情景，也不甘示弱，便在福寿院南约四五十米处，动工建造新院，并在门楼正脊背上塑造了两只头向北、张着嘴的鸽虎，以此镇宅。这三座村中高等级的院落因位置高而隐蔽，布局科学合理，被选作一二九师指挥所驻地，刘伯承、邓小平在此指挥了著名的长生口伏击战。

洞宾山的仙桃

洞宾山的半山上有个洞，相传，吕洞宾就在此洞修炼，日复一日，年复一年，吕洞宾为民间除恶扬善，受到当地人们的敬仰。有一天，吕洞宾和汉钟离在此下棋。吕家村有一放牧人，走到洞口下面时，听见里面有声音，就把羊群留在山坡上，自己脚踏悬崖，手挽荆棘，爬到了洞口，看见两位仙人在洞里聚精会神地下棋。那牧人站在洞口瞧着两人一决胜负，不觉入迷。忽然洞内地面上长出一棵桃树，马上就开花，马上就结下两个桃子，两人一人摘一个吃了后继续走棋。那牧人拾起他们扔在地上的桃核放在嘴里含了含，顿觉神清气爽。忽然，两位下棋人不见了，那牧人非常奇怪，再寻找却哪里也找不到，便顺着原来的路返了回来，一拿鞭竿却断了两截，一看完全枯朽了。再寻羊群，哪里还有踪影。这个牧人回到吕家村，可是一个人也不认识，细打听，村里人告诉他说，在很多很多年以前，有一个本村的放牧人出去放羊，一直没有回来。这个牧人听了也是非常奇怪。这个故事在当地一直流传至今。

淌米洞和酒泉

相传，吕洞宾奉师父之命，周游四方，普度众生。一天，他来到吕家村的碰草崖下，举目一看，山势雄伟，雾气茫茫，不禁心旷神怡，赞不绝口。突然，一对鹧鸪鸟在古柏枝头"嘎咕咕，嘎咕咕"地叫了起来。吕洞宾懂得禽言兽语，知道是说："盖屋盖屋！"说话间，叮咚，叮咚，一根根木头从西壁岩洞飞出。不一会儿，高矮不一地垛了三四堆，柱、梁、檩、椽等建筑木料应有尽有。吕洞宾喜形于色，自言自语道："神灵显圣，赐木建庙，善哉！"这时，洞内神仙答了话："哎，木料可够？"吕洞宾应声道："够了！够了！"恰在这时，一根椽子刚刚露头，"咔嚓"一声，洞口紧闭，椽子被卡住半截。时至今日，那半截椽子还留在洞内。

吕洞宾急忙清点木料，柱、梁、檩全够，单差一根椽子。他立即下山，走村串寨，募化十方，集资修庙。不到一年，山上一座寺庙建起，金碧辉煌，耀人眼目。吕洞宾随即挥毫，在匾额上大书"天赐寺"三字。待酬谢了众乡亲之后，已是满天星斗，他急忙来到后院，只听得"沙沙沙"的声音，走近一看，一股白米从岩洞缝隙淌流而下。后来每十天淌一次，人多多淌，人少少淌，恰够食用。

一日，吕洞宾有事外出，托小和尚柳童执掌庙务。这时，有个名叫胡赖的人走进庙内,他是蒋家村的大财主,外号"癞蛤蟆"。他贼眉鼠眼地四处观察了一番,说:"我是山下胡财主,当初建庙缺一根橡,是我忍痛割爱,捐出一根铁棍。"接着,又称赞自己建寺有功,并提出一定要看看淌米洞。柳童见他知道底细,说话也有道理,就答应带他去看。癞蛤蟆来到淌米洞前,果见淌米不断,一股贪婪的邪念涌上心头,提出凿大洞口、多多淌米的要求。柳童摇头反驳道:"此乃神灵赏赐,万万不可造次!"癞蛤蟆不耐烦地说:"出家人以慈悲为本,多淌米救济百姓,岂不善哉!"柳童无言以对。其实,癞蛤蟆想霸占淌米洞,大发横财。这时,癞蛤蟆顺手抄起一根大铁棍,朝淌米洞猛地一撬,只听得"咔嚓"一声,一块石头掉下来,不偏不倚,正好砸在他的肩上,癞蛤蟆跌倒在地上,"当啷"一声,铁棍朝他的左脚砸去。从此,癞蛤蟆落了个跛脚塌肩膀。

时隔五日,吕洞宾回到寺庙,柳童把癞蛤蟆来庙的所作所为详述一遍,吕洞宾一听,连呼:"作孽!"当晚三更时分,又是淌米时间,吕洞宾一看,一股清泉流出,清香扑鼻。柳童叫道:"怪事,白米变成醇酒了!"众人品尝,果然好酒。吕洞宾知是天意,以后每来寺庙进香的,不论男女,每人一碗,众乡民无不称颂。

癞蛤蟆听到米泉变酒泉的消息后,又想霸占,但又怕众人反对,他眉头一皱,突然"嘿嘿"奸笑了两声说:"俗话说,量小非君子,无毒不丈夫。"就在当天深夜,天赐寺突然大火冲天。吕洞宾修道根深,化作一股青烟,在碰草崖山顶盘旋三次,向西飞去。庙内的五个小和尚,功道不深,被大火烧死。

天赐寺被焚后,癞蛤蟆终于霸占了酒泉,做起了卖酒生意,一时间,生意兴隆,财源茂盛。一个使唤小子大献殷勤:"老爷,酒泉当酒卖,财源通四海,恭喜发财……"癞蛤蟆听在耳里,喜在心上,但他贪婪成性,并不满足,随后应道:"好是好,只是有酒没糟,若是有糟,喂猪岂不更好!"话音刚落,一个小伙计跑来失声道:"大事不好,酒泉干涸了!"癞蛤蟆望着干涸的泉口,两眼发黑,双腿一软,倒在地上,一口浓痰壅塞喉头,一命呜呼了。

历史是最公正的。人们为了怀念乐好施善的吕洞宾,遂将碰草崖改名为洞宾山。横行霸道的癞蛤蟆遭到人们的唾弃,有诗为证:

贪心比天高,贼命似纸薄。
清水当酒卖,还嫌没有糟。

↓ 有故事的大山

吕家人耕读传家，诗书养人，在辛勤的生产过程中，构建了独具山乡特色的艺术空间，创造出丰富多彩的地方艺术形式，培养了多个不同风格的艺术人才，传承和发扬着古老井陉的历史文化。特别是在官房、秀才院、书香院的文脉里，又衍生出观山院、吕家艺术馆等现代乡村公共艺术空间，另有"归巢""她的院儿"等主题民宿，成为乡村新时尚的文化承载体，吸引了众多艺术院校师生前来考察、采风和创作写生。

↓ 村史馆外景

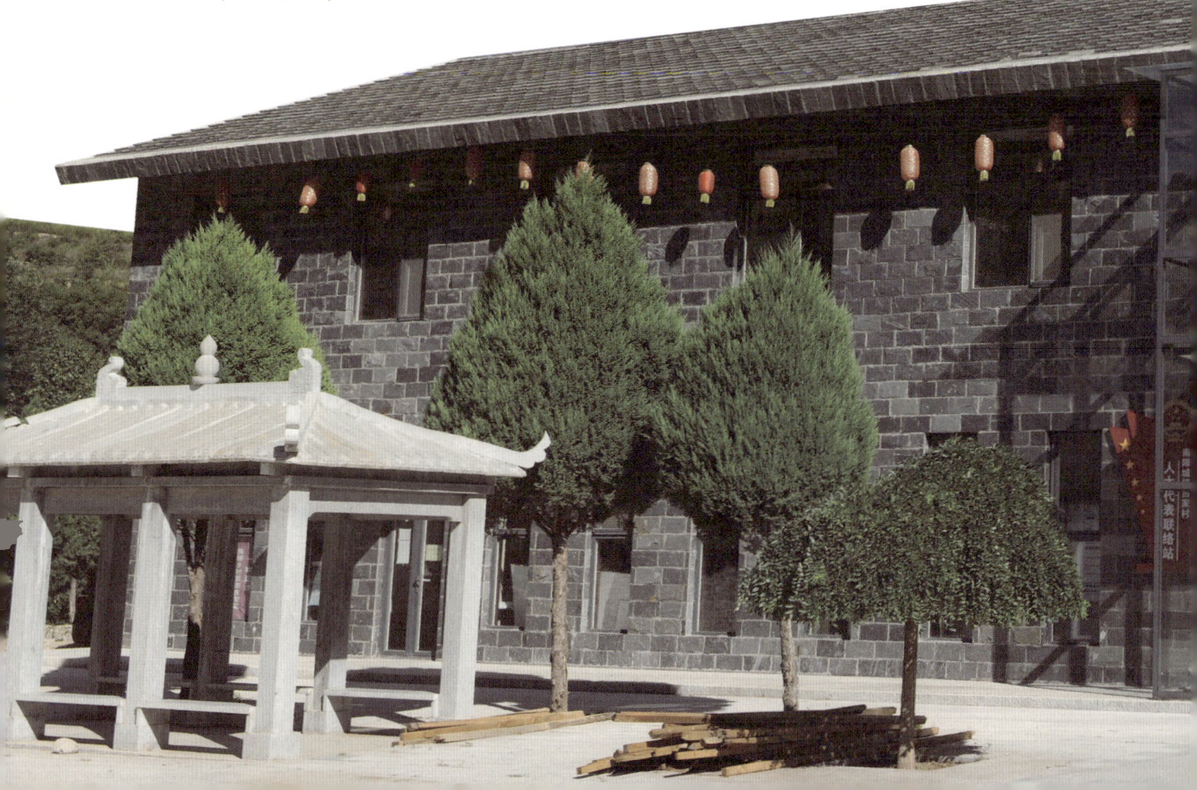

中国历史文化名村
河北吕家

第六章
艺术吕家展新姿

公共艺术空间

"钟灵毓秀"牌坊

2014年建成，7米高，10米宽，草白玉建筑。上书楹联"古道人心从来万井同根脉，宏图世业长有青山作画屏"，横额正面书"吕家"二字，反面是"钟灵毓秀"四个大字，为本村书法家吕钟书写。

↑ "钟灵毓秀"牌坊

青石新阁

2014年建成，青石建筑。阁前为半坡广场，进阁可见古槐迎客，登右侧石蹬可上阁上平台观景，阁后是观山院的两层建筑外立面石门石窗，又有爬山虎垂直披红挂绿，似天然画卷。此阁为吕家第二道大门，也是古村和新村的分界线。

↑ 观山院里观山楼

观山院

总面积740平方米，为旧时的官房，有乾隆年间的碑石为证。后来加盖成学校，学校搬走后，一度成为村民中心。2018年新的村民中心建成，这里成

↑ 观山院里观景房

为可以观山赏月的文化主题餐厅。其中的白磨坊咖啡馆，面积240平方米，曾经是村集体的库房，盛过草料，喂过牲口，当过碾坊等，后来经过精心清理和改造，成了有名的石头咖啡馆。

↑ 观山院里休憩的客人们

村史馆

2017年建成，总面积600平方米，包括办公室、展览室、会议室等。村史馆内展陈着村里收集的农耕时期的农具、生活用具等，还有地契等珍贵的文书资料。会议室可容纳二三十人研学讨论。

↑ 村史馆

戏台

1987年建成，面积约200平方米，加上台前广场，曾是村里最大的文化空间。这里过年过节时会唱大戏，村里曾经有晋剧和社火团体，现在是实景剧《梦回吕家》的最后一幕演出地。

吕家艺术馆

2018年建成，是一栋二层异形框架结构建筑，面积1600平方米，通过玻璃

↑ 村史馆陈列

↑ 吕家艺术馆外景

↑ 吕家艺术馆内景

走廊将三个山形建筑体连接起来，自南向北逐渐升高，正前方玻璃幕墙倒映蓝天、北山、水景及观者，形成绝妙景观。建筑两侧为传统青石浆砌，彰显古朴，既遮挡20世纪80年代后期建筑，又衔接古村落，促使村容村貌合理地融为一体。

艺术馆内部包含展览、展示、会议、餐饮四大功能区。分上下两层，挑高13米，室内三处跃层，采用自然光照明，二楼室外两处观景平台，处处体现天人合一的设计理念，内部装修以竹纤维木板、大理石墙板为主，将空间合理分割，科技中抱守传统，低调处彰显奢华，不失为一个乡村建筑之典范。

吕家广场

2019年建成，位于吕家村大门里右侧，西侧是艺术馆，北侧是写生基地学生公寓。广场内有河北省高级工艺美术大师马若特作品——建设者之光，该组雕塑为1∶1的铸铁雕塑，以当地村民为原型，讴歌农民为建设美丽家园所付出的艰辛努力，这是太行山一代人的缩影，人物风格粗犷古朴，带着原始的农

↑ 吕家艺术馆甜点

↑ 吕家艺术馆内景

↑ 吕家广场

村生活气息，诉说着千百年来山村里的故事。

农事体验馆

2020年建成，面积700平方米，馆内布置农耕生产场景，有手工的生产用具，结合房后梯田80亩，可进行传统的农业实验和农事体验。

吕家村祖祖辈辈是以农业耕种来维持生计的，典型的、大量的表现农民生活劳作的农具、生活用品得以完整无损地保留下来，如榨油坊、碾坊、手搬磨、马灯、耒耜等，实用、古朴、凝重；民间的手工制品，如面塑、绣鞋、剪纸等，浓艳、生动、灵巧，都有悠久的历史传统和鲜明的地方特色。

"慧眼"崖壁书屋

因外部像一只眼睛而得名，面积200平方米，距村庄3.5公里，是利用半山腰天然石洞建成的书屋。"行到水穷处，坐看云起时"，山林间、云深处，约两三好友，可读、可观、可茶、可玩。附近有另一天然石洞"虎窑"，可探秘，可赏景，感受不一样的山间美景。

↓ 吕家村远眺

主要艺术活动

"走进吕家"美术展

2011年在河北省美术馆举办，共展出作品近百件，所有作品均以吕家村为题材而创作，此次画展第一次大规模以直观的形式，将古朴静谧的小山村推向省城，使之进入大众的视野。

庙会文化考察

2016年2月22日至25日（正月十五至十八），中国舞蹈家协会采风团一行28人，到吕家村考察观摩春节庙会文化。

"中国传统村落保护区"考察

2016年2月24日（正月十七）上午，由中国民协分党组成员、副秘书长张志学，中国民协顾问、河北省民协主席郑一民带队的中国民间文艺家协会井陉考察评审团一行12人，到南障城镇吕家村就评定"中国传统村落保护区"进行调研考察，之后又考察了大梁江村和七狮村。

"我们的节日"研讨会

2018年，由中国民间文艺家协会、河北省文联共同主办，河北省民协、中共井陉县委、井陉县政府承办的主题为"拥抱新时代，担当新使命"的"我们的节日——2018中国井陉春节民俗展演暨传统村落与庙会文化在当代价值研讨会"在河北省石家庄市井陉县举办,专家团游览了吕家村。

第四届河北省旅游产业发展大会、第五届石家庄市旅游产业发展大会

2019年9月11日、12日,第四届河北省旅游产业发展大会、第五届石家庄市旅游产业发展大会在井陉县、井陉矿区举办。作为该次大会重要景点之一的吕家村是一处集登山、摄影、写生、采摘于一体的综合性休闲旅游基地,被人们亲切地称为"梦里老家""剧境小镇""五彩古村"。

创作采风

2020年,石家庄市音乐家协会、作家协会、摄影家协会、文化产业协会等先后走进吕家村进行采风、调研,体验传统与现代的

↓ 第四届河北省旅游产业发展大会、第五届石家庄市旅游产业发展大会在吕家

融合,创作了大量的文艺作品。

走近吕家——当代篆刻家陶瓷印作品展暨吕家艺术馆揭牌仪式

2020年8月20日,由吕家艺术馆主办,中国陶瓷印艺术研究中心提供学术支持,石家庄陉窑工作室、朗禾空间、刘家窑陶瓷印工作室协办的"走近吕家——当代篆刻家陶瓷印作品展暨吕家艺术馆揭牌仪式"举行。由九秩高龄的艺术界老前辈韩羽题写艺术馆名,中国书法家协会顾问胡抗美题写展览名。多位国家级书画篆刻家参加此展览。

↑ 吕家村近景

↓ 吕家村梯田

当代艺术家作品

"雄关漫道真如铁,而今迈步从头越。"未来,并非时间,而是一种笔墨精神;书画,并非传承,而是一段心路历程。吕家的后生们接纳了大山老村的无私润泽,接续了祖上的文思学养,这便是历史文化名村的根脉,生生不息,源远流长。

吕钟书法作品

吕钟,又名吕志强,1972年生,吕家村人,现为中国书法家协会、中华诗词学会、中国楹联学会、中国散文协会会员。幼承庭训,诗文书法兼修。书法作品以"二王"为根基,兼取米芾、赵孟頫诸家,飘逸不失劲健,富有书卷气。其书法作品曾参加全国第二、第三届正体书法展,获中国书法家协会培训中心优秀作品展二等奖、河北省书法展一等奖等奖项。

↑ 吕钟书法,吕家"钟灵毓秀"牌坊上的楹联

↓ 吕钟书法《梦回吕家》

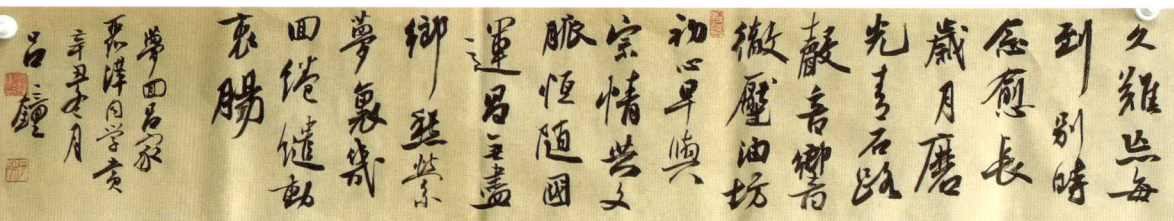

吕国庆国画作品

吕国庆，1975年生，吕家村人，吕家艺术馆馆长。1996年毕业于河北师范大学美术系美术教育专业。幼承家学，酷爱诗书、丹青，其绘画无论花鸟、人物，都一路从学院走来，传承文脉，正本清源。思维上崇尚老庄，道法自然；意境上追随南宗，独行阡陌；笔墨中借古鉴今，清新淡雅；生活中随遇而安，淡泊名利。工作之余，他踏遍太行山山水水，并远涉辽东、陕北、秦岭、滇南、昆仑、西藏，了解风土人情，收集整理创作素材。2000年以后，他潜心研习禅意人物画，作品多次入选全国大展并获得社会各界认可，约稿及收藏者众多。

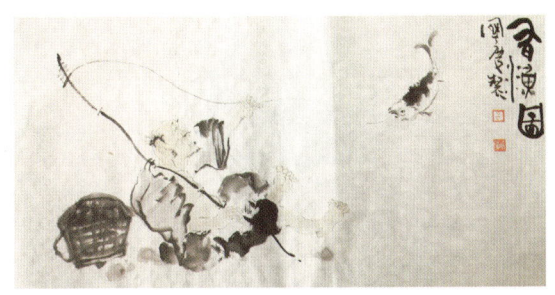

↑ 吕国庆国画作品《有鱼图》

↑ 吕国庆国画作品《厚·实图》

《梦回吕家》实景剧

2020年夏天开始，实景剧《梦回吕家》在吕家村创作完成并对外演出，吸引了大批游客前来观看，新颖的表现形式，感人的乡村故事，感动了很多人，成为乡村文旅的又一重要探索。

民国年间，生性刚正不阿的吕家村吕天顺，自己做主娶妻，在婚礼上被土匪绑走，为除暴安良，在与土匪较量中险些送命，而

决心

娶亲

父子对话

壮行

拜天地

回乡

铭记

盼归

丰收

↑ 胜利

↑ 移步看戏

后投身革命，为营救百姓献出了宝贵生命。实景剧《梦回吕家》以吕天顺的一生为主线，通过"门楼迎亲""大院往事""英雄挽歌""战役指挥部""胜利戏台"五幕剧，讲述了吕氏家族悲欢离合的爱情故事与生生不息的英雄往事，再现了吕天顺英雄无悔的激荡人生。编剧尹紫峰多才多艺，踏实创新，现实真实和艺术真实结合，设计和导演的剧情生动感人。

《梦回吕家》大胆尝试将吕家古村落的各个景点融会为流动舞台，随着剧情的递进，在戏剧冲击和视听艺术中，带领观众"移步换景"，通过多种互动使观众参与演出，拥有演员和观众的双重身份和体验。其特点是以五彩吕家为内容，以井陉精神为主题，把井陉拉花、晋剧、社火等国家级非物质文化遗产与红色革命、天路精神及井陉婚俗、特色饮食等井陉元素巧妙结合，以自然山水为背景，以整个古村落之村口、大街、小巷、古院、阁楼、戏台等为舞台多场景表演，融合各种艺术展示，由专业演员、村民、餐饮员、导游等组成的多成分演出团队与游客观众互动演绎，移动表演和移动观赏，井、晋、景三位一体。

主题民宿

吕家村民宿在2018年开始打造。民宿利用村落中破旧或废弃的古老民居院落改建。庭院里种植着石榴树和爬山虎，增添了文艺气息，房间内仍保留着原有的石头墙体，完美体现着石头房子的独有特色。民宿主人参与美学生活的营造，为游客提供体验当地自然、文化与生产生活方式的主题民宿。

造物民宿

造物民宿是吕家村第一批主题民宿。设计理念是根据原有房子的结构，就近取材，加上现代的一些设计，做出了独有的风格。

左邻、右舍 造物民宿最早的两套院子，共有5间房，最大的特点是用玻璃做的茶室，听雨看山。院内的秋千也是孩子们喜爱的娱乐设施，是最受顾客欢迎的一个打卡点。

榴宿 造物民宿中视野最好的院子，也是游客们入住率最高的院子。榴宿分为上下两层，有一个草屋的观景台，而且房间是最有特色的靠山石窑，冬暖夏凉。

朴宿 这个院子是采用侘寂风的设计，院内的稻草漆、屋内的水泥漆、木工打造的木床等都非常有特色。

↑ 右舍

清舍 这个院子采用泥墙、茶棚、石子、步行石,虽只有3间客房,但简约不简单。

石榴古院 这个院子有300多年的历史,分上下两层,有3个客房和1个茶室,保留了原来的绣楼、小石凳楼梯等,非常有历史感。

归巢

归巢民宿于2019年打造。利用传统民居改建,房间内仍保留原有的石头墙体,在简洁安静中融入质朴的美。极简轻奢风的民宿,更像是倦鸟归来的巢,能让游客体验当地风情,将院落梦的理想栖居回归到本真状态。

↑ 归巢

她的院儿

"她的院儿"现有三处。因民宿主人是一位"80后"女士而得名。这几处改造后的老院子外观依然保持了晋冀交界地区的院落特点。石屋采用了本地石料,经过石匠的打磨、堆砌,建造出既有历史厚重感又坚固实用的房屋主体。房梁的建造使用传统的木结构搭建,配

↑ 她的院儿内景

合石墙青瓦,看上去深沉又有质感。相较于传统的石头屋子,改造者大胆地扩大了原有的窗户尺寸,增加了采光面积,又增加了室内与庭院间的联动性,最大限度地给游客提供视觉上的舒适感。

结 语

　　井陉县城通往吕家村的公路为井陉"太行天路"旅游公路的一部分，吕家村也是井陉太行天路旅游的目的地之一。沿途风景优美，一路好心情。吕家村向西与307国道及太旧高速公路旧关入口处仅相距8公里；顺天路向西向北可达小梁江、大梁江、南张井、于家等古村落，具有良好的交通可达性；游客也可以在井陉县城乘坐县内大巴车，一天4班车直达吕家村。在外部道路的交叉口、主要道路节点处都设置有吕家村标识路牌，进得山来不会迷路。吕家村内部有完善的乡村步游线路，漫步8000米登山步道，亦可享受山林。

　　同时，吕家村已建成现代的公共服务设施，村内建设有游客

↓ 井陉太行天路

↑ 井陉太行天路

接待中心一座，位于村东口；停车场一处，停车位2000个；路旁有4个供游人休息的观景亭等游憩设施。村内有分类垃圾桶、冲水式公厕，并安排有专人定期清理打扫。村内增加了标识标牌、路线导览图。吕家村目前已展开智慧旅游服务，主要有二维码读取景点介绍、自助住宿、移动支付，用网络进行乡村旅游、民宿等预约服务。

历史的厚重，文化的自信，科学的发展，让古老的村庄正以更加美好的姿态呈现于世人，一个活态的村落标本，完整而健康。

↓ 井陉太行天路

附录

康熙三十五年创修关圣神祠碑

盖闻亘古及今皆有忠臣杰士焉往往当时殁获神者则传殁则已者何也有其才而无德也惟我关夫子乃圣乃神乃武乃文幼志春秋壮扶汉室赤胆精忠堪与日月争光丹心耿耿义气塞乎天地两间欲吞吴魏只因明定三分不由忠心扶刘一统耳生为大将殁为正神大哉夫子荡荡乎民无

↑ 康熙三十五年创修关圣神祠碑

能名焉国福以庇民有历历较著者是以汉封为寿亭侯宋封武安王明纪封三界伏魔大帝远震天尊然犹来也我皇清圣祖智天锡复计上管三十六□下辖七十五司群仙俱属鉴察诚所谓积德深者发福愈远□历代加封由此而观过此已往未之或知矧其下焉者有不慕义无穷孰不尊崇我关圣乎真定府井陉县之南三十里名曰吕家村北山之下河阳之垄往往人观乃兴隆胜地可建关圣神祠必补一邑之风气也本村□闻同议会首吕振吕高吕爱喜吕旺登吕旺名施庙地人吕进海举意祈□□□各发□心不惜□力二载遂告成焉或曰人之财力实甚是夫子神名之感应也往来贵介游人至此观庙貌巍巍□光辉乃村中日加其祥瑞也意曰补茸易创造难今人费其心劳后世必获其富贵矣工期竣恐日久言湮忘此善事命匠镌石求索一记何敢云文俚言谨书于石以示后人不忘此事传芳万古□善不朽云雨

---

① 本部分碑文资料均为一手资料,为保留资料原貌,不作改动。

山右河顺县白云村后学庠生吕纬诚心拜撰文

吕辅周铁笔沐手书丹

大清康熙三十五年八月二十八日吉旦镌石同立

乾隆三十八年重修官房碑

当思幽则有神明则有人神所以佑人人所以祀神神人相依自古为然也井邑治南三十里许有吕家村环村皆山接壤平定洵平定之锁钥焉而民风淳朴风俗近古其于春祈秋报之处靡不凛凛而致意也村北旧有官房一座但历年久远风雨飘摇栋宇墙垣悉为圮有善士吕公讳喜贵同堂侄吕仁吕信心甚悲之恻然不忍坐视欲为补葺而独力难支因会合村善人吕银吕举吕公吕志双等公议重修旧向之基址里狭规模未能宏敞今于更张而广大之何如众皆曰善谨奉命于是□工输财竭力经营□栋宇一新□□改观矣则春祈秋报尚虑神明之靡依乎迄今告竣数载又有善人吕有明吕志文吕有学吕志学等深念伊叔侄经理之苦不忍淹没其善命刻石以志之以表其仗义输财协力揽成之功云尔

平定州庠生梁凤林撰并书

乾隆三十八年岁次癸巳三月吉旦重修五十年岁次己巳年三月吉旦立

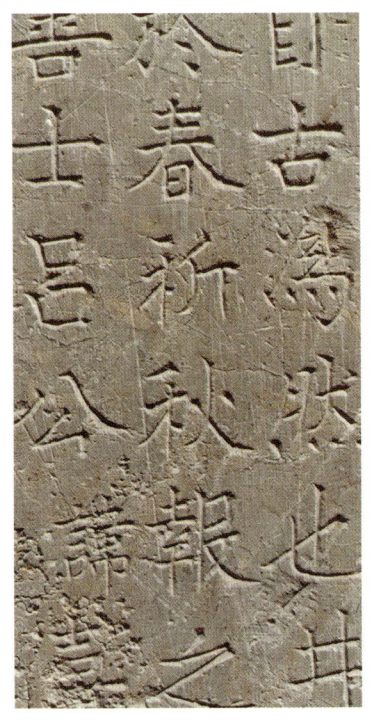

↑ 乾隆三十八年重修官房碑（局部）

重修关帝圣祠序

且夫为善获报理之常也有感必应神之灵也井邑治南三十里许名曰吕家村其风近古民俗醇厚环村诸峰层峦而叠翠山巅之下先民视以为圣地遂创建关帝圣君庙一座址基狭隘规模未能宏敞仅云一间而已又况日远年湮庙貌几为之圮坏今有善士吕公讳仁感帝君创修庙宇之言慨然欲独力重修乃意甫举而应即随其子得禄遂于是岁而游泮焉虽曰伊之福也而寔神之佑也于是殚力输财宏扩其基址张大其规模一间也而竟改作为三间矣第见经营甫毕而即金修神像丹臒垣墉如翚如飞节棁增其灿也美轮美奂椽楹著其辉也斯时之庙貌神像岂不焕然维新哉非善士而能若是哉吾忆贵介过客往来休息于此者觐庙貌之巍峨瞻神像灿焕询夫此举未有不欣欣然咸相谓曰帝君之威灵远震也乃圣乃神大义参天地乃武乃文精忠贯日星而且福善无私昭昭不爽此其明验与迄今告竣余聊作序以志之俾后之览者深思其感应之效而接踵于向善之途也哉平定州庠生梁风林撰并书

管饭施工 吕天才 吕有学 吕志学 吕喜贵 吕上 吕门高氏

（施工略）

蒋璟施檩一条

吕信管饭四人 施檩两条

大清乾隆五十二年五月十三日谷旦立

光绪十四年禁山碑

夫禁山一事取其群杰丛森岗峦秀丽是盖欲收山间之旺气非徒状里巷之观瞻也井邑吕家村环于诸山之间其面对东山乃前辈之禁山一自斧斤伐之若被其濯濯者盖有年矣且合村人等欲其林木之重生

得复前人之旧制南有吕保全荒坡一段北有吕义和荒坡一段俱皆仗义施舍以全其美于是乎不崇朝而禁规定矣嗣后若有伤毁所禁之木者罚钱八百入官中六百与捉者二百惟恐代远年湮人或遗忘故刻石以记之

大清光绪十四年岁次戊子正月谷旦立

光绪二十三年补修戏台碑

合村公议补修戏台刻石志

经理人　吕占元　吕鸣和　吕有全　吕兰有　吕富全　吕联芝

　　　　吕今保　吕纯和　吕秀泰　吕保全　吕贵财　吕修和

　　　　吕义和　吕进元　吕福和　吕德和　吕贵元　吕永堂

　　　　吕　楼　吕嘉功　吕三偏　吕金元

大清光绪二十三年七月吉日立

嘉庆十四年建郎房碑

当思上古之世穴居而野处中古易之宫室凡以肃人心庄观瞻也然□飞鸟□固足以庄观瞻而财力无多究难以娱心意兹者井邑城南三十里旧有吕家村人情淳朴风俗近古原不敢营谋宫室以致数十年之积储坐耗与一旦是以自者及今未有郎房之处然而每岁二月七月九月必献戏于神前以隆戏祀典戏班人等常无休息之所则起居甚觉不便□是恩赐九品吕公讳仁子武生得禄父子同心协力击钟领会又有善士吕俊吕俭吕凤贵吕大用吕廷吕翠吕得福吕得财吕德亲吕赶集吕秀花吕联第尽心□理合村公议称家施钱经之度其地营之以正其位虽无□鼓之悬而强者乐于赴事弱者亦莫不争先不日之间告厥

成功矣斯时也虽无竣宇雕墙之美哉有万年不朽之规呜呼基址无存而建此美业不惟有以安斯人之举止而且有以于庄庙貌而千秋同里之人可谓曲尽苦心矣今有善士吕□吕德吕柱欲不没吕公父子经营之苦故刻著于石以垂不朽也夫

井邑城南十字道梁士伟撰并书

嘉庆十四年岁次己巳四月新修二十四年年岁己卯十一月吉旦立

↑ 嘉庆十四年建郎房碑和乾隆三十八年重修官房碑

同治十一年重修玉皇庙碑

井陉城南三十里旧有玉皇庙一座道光十八年五月二十三冲坏合村人公议定于同治十一年二月十二日开工重修玉皇阁一座

田秀梅撰并书

大清同治十一年三月十二日立

光绪三年重修玉皇上帝神祠碑

当思莫为之前虽美而费益莫为之后虽盛而费传创于前者必须绪于后此固理之宜然也井邑城南叁拾里吕家村旧有玉皇上帝庙三楹以供神灵前被洪水冲坏墙屋塌陷苟不有已修之何以肃人心而敬天尊于是合村老幼目睹心腹欲成其事不敢补先人之确然亦不过述先人之事而时有纠首善人吕清泰吕得元吕贵财吕占鳌吕佩吕金元吕占瀛吕治全吕位吕□吕日科吕□法等纠集合

↑ 光绪三年重修玉皇上帝神祠碑

村公议重修按地亩摊派老幼鼓掌称善乐出□财同声相应并无异词又有仗义输财施木施树施瓦施砖刻下□物兴工恐后争先不日之间工已告竣通明殿宇焕然维新雕梁画栋捧圣红云嘱于记刻碑勒铭永垂不朽以施善人

当泉村吴希白撰并书

大清光绪三年建修于六月　壬年三月古旦竖

中华民国五年建修官窑碑

吕家村近来数年略有官钱之储积村中人等有欲乘兹财力以补郎房之不足者乃集公议咸愿修建官窑一座与前辈之郎房一并裕于后世然宫中缺少地界虽有是举亦难如其所愿于是吕德和遂施地界一段吕来狗施石足用吕嘉乐施土足用夫然后筹划规模以图成此小小之基业石匠功价一百三十千文木匠修门窗工价四千三百余文铁匠修器械

↑ 中华民国五年建修官窑碑

功价三千六百余文买料石灰以及诸般器械与诸般之耗费共计用钱一十六千五百余文包工以外门户又出二百四十余文功造至功成之后村中耆老惟恐湮没其善事故刻于石以志之

去年冬天开动

中华民国五年岁次丙辰阴历季春月立

中华民国三十七年抗战烈士碑

你们为了人民的解放事业离乡背井毅然参加了人民的军队走上革命的最前线在抗日战争和人民解放战争中你们都付出了最大的代价流尽了最后一滴血你们是中华民族的优秀儿男给全国人民争来了幸福你们是千秋不朽的光荣你们的功绩永久刻在人民的心里

营长 吕成高

排长 吕永堂

班长 吕梦贵 吕反锁 吕梦清

战士 吕保谦等

中华民国三十七年十一月初六日吕家村仝立

↑ 中华民国三十七年抗战烈士碑

族谱

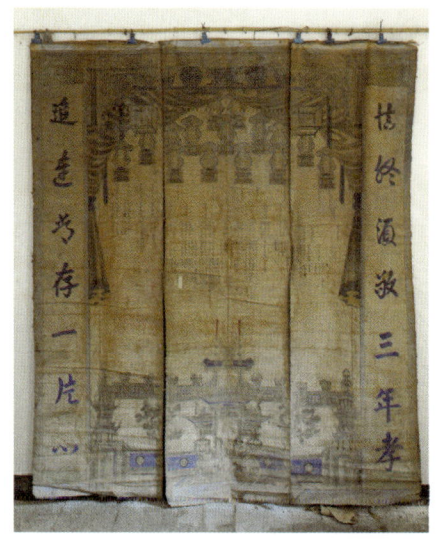

↑ 家谱案

吕家村经过漫长的发展，古家谱从清顺治元年（1644）吕旺金、吕旺银开始记载，至今已有370多年的历史。其间，吕氏家族逐渐分成四大股，每一股都有翔实的家谱案，记载着每一家族的宗主，现已经发展了多少代，每代人的姓名、配偶等基本情况，能从家谱上直观地了解这一家族人口的兴衰与发展。每年正月初一的"大拜年"，就是五服同族的平辈人联合一起给轮持家谱案的长辈并先祖行磕头礼、报平安，能明显地感受到吕家村民慎终追远、认血统、重承续的宗族观念和知本报本的孝敬精神。

牌位匣

吕家村还保留有古老的祖上牌位及牌位匣，木质，做工精致。

契单

吕家村有部分官契，大多记录了当时土地买卖的情况，也属于村庄的历史见证物。

其他有文字遗存的见证物

人们通常在神龛、主房、大门等部位刻写建筑落成时间，比如吕增琳院的天地爷石神龛，该院为古村最大的石头院落，石龛镶嵌在正房墙面上，做工精细，龛上有字"民国六年岁次丁巳修造"。

↑ 吕玉峰家祖上的老牌位（带盒）

↑ 吕玉峰家祖上的老牌位（不带盒）

后 记

2014年6月接到中国民间文艺家协会通知，要求各地文联立即开展中国传统村落立档调查工作，我们及时向井陉县委、县政府主要领导汇报，时任县委书记田耀筠非常重视，给予关心和鼓励支持，文联迅速发动县民间文艺家协会、摄影家协会、离退休老干部老教师及亲友成立了井陉县传统村落立档调查志愿者工作队，又迅速发动乡镇村在各村成立了调查小组，先后分别调查了76个村落，吕家村作为首批中国传统村落，是重点立档调查的村落之一。

7月开始，大家进村入户，实地调查走访，一线拍摄收集资料，烈日酷暑，热情无限，大家都是一个目的——抢救，抢救性地把我们生活过的古老村庄记录下来，那些老树老街、那些老井老屋、那些老人、那些稍瞬即逝的众多散落的物质文化遗产和非物质文化遗产，一砖一瓦，一草一木，都是被调查的对象。大家起早贪黑、顶风冒雨、披荆斩棘，一路走来，从未间断，也不计报酬。是兴趣更是责任，留下记忆，记住乡愁，便是行动的意义所在。一年过去了，大家完成了规定动作，又大大超出了规定动作。

2015年12月，接河北省民间文艺家协会通知，要求编纂《中国民间文化遗产抢救工程——中国历史文化名城·名镇·名村丛书》，我们立即整理书稿上报。

2019年为配合第四届河北省旅游产业发展大会、第五届石家庄市旅游产业发展大会的召开，吕家村党支部、村委会借机召集本村退休干部吕增琳等有关人员再次搜集、整理、编辑、印制《吕家村》画册。画册以图文形式介绍了被称为中国历史文化名村、中国传统村落、国家森林乡村、河北省美丽乡村的吕家村的历史文化、人文景观和自然景观。此次整理对原有材料进一步梳理，补充完善，使本书内容更加丰富而有条理。

本书文字是在2014年立档调查的基础上形成的，特邀与吕家村早已"结缘"的刘育书老师指导，刘老师在20世纪80年代初就收集到刘伯承、邓小平率领八路军一二九师在吕家村活动的史料，并汇编在有关书中。吕增琳对本村情况熟知，撰写了很多重要材料。退休老干部吕贵及本村村民吕义青、吕增义、吕考清、吕世荣、吕增瑞、吕启科、吕玉华、吕志军、吕全元、刘保林、吕钟、吕国庆等，积极搜集、反复核实资料。文中图片主要来自何克宁，她在十年前就开始关注这个村落，常在不同的季节抓拍吕家村的发展、变化及自然景观，并为本书选材及设计、编排，做了大量工作，同时亲自执笔修改资料。井陉县政协原主席王新民特别为传统村落刻章留印，更为此项工作增彩添色。可见，做成一件有意义的事情，定是凝聚了很多人的心血，在此衷心感谢！

河北省民间文艺家协会名誉主席郑一民、主席杨荣国等省民协领导专家曾经亲自到吕家村调研，并进行专业指导，对本书的出版给予厚望和鼓励支持，在此敬礼并致谢！

我们的宗旨是，力求真实、客观、全面地反映和展现吕家村的历史风貌和现状。但由于村中知情老者的相继离去，大量有价值的信息缺失而无法再搜集到，难免遗憾。对此，调查工作我们会一直做下去，再提高，再充实。书中不妥之处，谨请批评指正。

编者

2022年7月

群山环抱的村庄

图书在版编目（CIP）数据

中国历史文化名村. 河北吕家／中国民间文艺家协会组织编写；潘鲁生，邱运华总主编. —北京：知识产权出版社，2022.10

（中国历史文化名城·名镇·名村丛书）

ISBN 978-7-5130-8384-3

Ⅰ.①中… Ⅱ.①中…②潘…③邱… Ⅲ.①乡村—概况—井陉县 Ⅳ.①K928.5

中国版本图书馆 CIP 数据核字（2022）第 176324 号

责任编辑：宋　云　王颖超　　　　　　　责任校对：潘凤越
装帧设计：研美文化　　　　　　　　　　责任印制：刘译文

中国历史文化名城·名镇·名村丛书

中国历史文化名村·河北吕家

中国民间文艺家协会　组织编写

总　主　编　潘鲁生　邱运华

本卷主编　何克宁　马　佶

出版发行：	知识产权出版社有限责任公司	网　　址：	http://www.ipph.cn
社　　址：	北京市海淀区气象路 50 号院	邮　　编：	100081
责编电话：	010-82000860 转 8388	责编邮箱：	songyun@cnipr.com
发行电话：	010-82000860 转 8101/8102	发行传真：	010-82000893/82005070/82000270
印　　刷：	天津市银博印刷集团有限公司	经　　销：	新华书店、各大网上书店及相关专业书店
开　　本：	720mm×1000mm　1/16	印　　张：	12.5
版　　次：	2022 年 10 月第 1 版	印　　次：	2022 年 10 月第 1 次印刷
字　　数：	150 千字	定　　价：	80.00 元

ISBN 978-7-5130-8384-3

出版权专有　侵权必究

如有印装质量问题，本社负责调换。